企业信息资产关联性与信息安全投资决策

李晓彤 著

·北京·

图书在版编目（CIP）数据

企业信息资产关联性与信息安全投资决策 / 李晓彤著. —北京：科学技术文献出版社，2021.12

ISBN 978-7-5189-8772-6

Ⅰ.①企… Ⅱ.①李… Ⅲ.①企业管理—信息安全—研究 Ⅳ.①F272.7

中国版本图书馆 CIP 数据核字（2021）第 262583 号

企业信息资产关联性与信息安全投资决策

策划编辑：张　丹　责任编辑：张　丹　邱晓春　责任校对：张永霞　责任出版：张志平

出 版 者	科学技术文献出版社
地　　　址	北京市复兴路15号　邮编 100038
编 务 部	（010）58882938，58882087（传真）
发 行 部	（010）58882868，58882870（传真）
邮 购 部	（010）58882873
官 方 网 址	www.stdp.com.cn
发 行 者	科学技术文献出版社发行　全国各地新华书店经销
印 刷 者	北京厚诚则铭印刷科技有限公司
版　　　次	2021 年 12 月第 1 版　2021 年 12 月第 1 次印刷
开　　　本	710×1000　1/16
字　　　数	175千
印　　　张	10
书　　　号	ISBN 978-7-5189-8772-6
定　　　价	48.00元

版权所有　违法必究

购买本社图书，凡字迹不清、缺页、倒页、脱页者，本社发行部负责调换

前 言

在信息通信技术不断发展、电子商务广泛应用及企业信息化不断深入的背景下，新的信息安全问题正在逐步出现，而信息安全经济学是解决这些问题的一个新的经济学分支。信息安全经济学的主要目的是通过分析信息安全投资决策的影响因素，为企业制定有效的信息安全投资策略，从而提高企业的信息安全水平，降低企业期望成本。企业信息资产关联性作为信息安全经济学的重要因素，是指企业之间信息资产的相互关系，它直接影响企业信息安全的投资决策。根据企业信息资产关联性类别，本书分别对企业信息安全投资决策的影响因素、互补企业、替代企业及弱关联企业间信息安全投资决策问题进行深入研究，对关键参数进行分析，通过分析企业在不同情形下的最优策略，提出有效的经济激励机制及提升平台效率的措施。本书是作者近年来在信息安全领域研究成果的总结与提炼，是对企业信息安全投资决策的理论、方法和技术上的探索和实践，希望能够启发读者思维，点燃其创新灵感。

全书共 7 章。第一章绪论，论述了企业信息安全投资领域的研究背景，对国内外信息安全管理领域及企业信息安全投资现状进行了评述总结，总结企业信息安全投资存在的不足及研究启示。第二章对企业信息安全投资理论相关概念进行了阐述，回顾信息安全及其要素，引入企业信息安全框架概念，阐述企业信息安全框架的定义、内容及建设内容，阐述了企业信息资产关联性的相关内容并回顾了信息安全经济学相关理论。第三章介绍了企业信息安全投资决策影响因素。首先，对影响企业信息安全投资决策的因素进行识别，运用德尔菲法构建影响因素的指标体系；然后，构建企业信息安全投资决策影响因素的解释结构模型，并对影响企业信息安全投资决策因素的关系结构进行分析。第四章介绍了互补企业间信息安全投资决策。基于"多企业""非合作"建模的特点,将Gordon-Loeb模型扩展到多企业博弈环境下,并结合能够刺激企业加大信息安全投入并减少成本的"黑客入侵概率"这一变量,构建了互补企业间信息安全投资博弈模型。在此基础上,分析企业数量、网络一次传播概率及黑客入侵概率等参数在多企业"非合作"及"完全合作"情况下对最优投资水平的影响规律。第五章介绍了替代企业间信息安全投资决策。在第四章的基础上,基于博弈论、最优化理论及协同理论,考虑企业信息资产替代率、企业数量及黑客入侵概率的影响,构建了替代企业信息安全投资决策模型,分析替代企业在单独决策和协同决策时的最优投资水平,进而提出有效的激励机制。第六章介绍了弱关联企业间信息安全投资演化博弈问题。基于演化博弈论,结合信息共享平台企业间"弱关联""不可比"的特性,构建了弱关联企业间信息安全投资演化博弈模型。在此基础上,考虑企业信息共享成本、信息共享溢出效应及政府补贴因素,分析平台企业在信息共享过程中的策略选择问题,对不同影响因素变化时平台企业信息共享的演化路径进行模拟仿真,并依据研究结果提出提升平台信息共享效率的路径。第七章介绍了企业信息安全投资研究领域未来趋势,从新兴技术背景入手,分析了企业信息安全投资领域面临的困难和问题,在此基础上提出相应的对策与措施。

本书通过理论证明及数值实验的方法,深入研究了不同信息资产关联性下的企业信息安全投资决策问题,构建了3种新的信息安全投资决策模型,并取得了一些创新性的研究成果。本研究丰富了企业信息安全投资决策理论,能够为现实中互补企业、替代企业及弱关联企业的信息安全投资提供决策参考,在理论和实践方面都具有重要意义。

本书所涉及的内容具有尝试和探索的性质,相关理论和实践还需要进一步研究,加之作者学识和能力有限,书中疏漏和不当之处在所难免,真切希望得到读者的反馈和帮助。

目 录

第一章 绪 论 ……………………………………………………… 1
1.1 引言 …………………………………………………………… 1
1.2 企业信息安全发展现状 …………………………………………… 4
1.2.1 信息安全管理现状 ……………………………………………… 4
1.2.2 企业信息安全投资现状 ……………………………………… 18
1.3 企业信息安全投资述评及启示 …………………………………… 26
1.3.1 企业信息安全投资存在的不足 ……………………………… 27
1.3.2 企业信息安全投资研究的启示 ……………………………… 28
1.4 企业信息安全投资决策 …………………………………………… 29
参考文献 ………………………………………………………………… 32

第二章 企业信息安全投资理论 ……………………………………… 39
2.1 概念界定 …………………………………………………………… 39
2.1.1 信息安全 ………………………………………………………… 39
2.1.2 企业信息安全 ………………………………………………… 40
2.1.3 企业信息资产关联性 ………………………………………… 42
2.2 信息安全经济学相关理论 ………………………………………… 43
2.2.1 博弈论 …………………………………………………………… 43
2.2.2 最优化理论 …………………………………………………… 44
2.2.3 协同理论 ……………………………………………………… 44
2.2.4 成本收益理论 ………………………………………………… 45
参考文献 ………………………………………………………………… 48

第三章　企业信息安全投资决策影响因素 ········· 50

3.1 影响企业信息安全投资决策的因素识别 ········· 50
3.1.1 确定备选影响因素 ········· 51
3.1.2 运用德尔菲法构建影响因素的指标体系 ········· 51
3.1.3 企业内部信息安全投资决策影响因素分析 ········· 53
3.1.4 企业外部信息安全投资决策影响因素分析 ········· 54

3.2 影响企业信息安全投资因素的关系结构分析 ········· 55
3.2.1 企业信息安全投资影响因素的界定 ········· 55
3.2.2 确定各影响因素相互关系 ········· 56
3.2.3 关系划分及递阶有向图的构建 ········· 57
3.2.4 企业信息安全投资决策影响因素的层级关系分析 ········· 59

参考文献 ········· 61

第四章　互补企业间信息安全投资决策 ········· 63

4.1 互补企业间信息安全投资问题 ········· 64
4.2 互补企业间信息安全投资决策模型 ········· 66
4.3 非合作情况下企业信息安全投资决策 ········· 67
4.4 完全合作情况下企业信息安全投资决策 ········· 70
4.5 激励机制的设计 ········· 73
4.5.1 企业补偿机制 ········· 73
4.5.2 信息共享机制 ········· 75
4.6 数值实验 ········· 78
4.7 管理启示 ········· 85

参考文献 ········· 88

第五章　替代企业间信息安全投资决策 ········· 91

5.1 替代企业信息安全投资决策问题 ········· 92
5.2 替代企业信息安全投资决策模型 ········· 94
5.3 单独决策下企业信息安全投资决策 ········· 95
5.4 联合决策下企业信息安全投资决策 ········· 98
5.5 最优化分析与协同机制的设计 ········· 100

5.5.1　最优化分析 …………………………………………… 100
　　5.5.2　协同机制的设计 ………………………………………… 101
5.6　仿真实验 ………………………………………………………… 103
5.7　管理启示 ………………………………………………………… 106
参考文献 ………………………………………………………………… 108

第六章　弱关联企业信息安全投资演化博弈 ……………………… 111
6.1　弱关联企业信息安全投资决策问题 …………………………… 112
6.2　弱关联企业信息安全投资决策模型 …………………………… 114
6.3　均衡点及稳定性分析 …………………………………………… 117
6.4　不同影响因素下平台企业行为演化路径 ……………………… 124
　　6.4.1　不同共享成本下平台企业行为演化路径 ……………… 124
　　6.4.2　不同共享溢出效应下平台企业行为演化路径 ………… 126
　　6.4.3　不同政府支持力度下平台企业行为演化路径 ………… 127
6.5　管理启示 ………………………………………………………… 129
参考文献 ………………………………………………………………… 131

第七章　企业信息安全投资研究领域未来趋势 …………………… 133
7.1　企业信息安全投资决策领域研究展望 ………………………… 136
7.2　新技术背景下企业信息安全投资决策 ………………………… 137
参考文献 ………………………………………………………………… 141

附录A　企业信息安全投资决策影响指标的德尔菲法调查问卷 …… 143

附录B　对于定理及引理的证明 ……………………………………… 145

第一章 绪 论

1.1 引言

随着信息技术的高速发展和信息服务的广泛应用,信息安全问题日益凸显,并受到世界各国的高度关注[1]。2015年,黑客攻击了美国最大的健康保险企业之一——Anthem,窃取了该企业所有客户的家庭住址、电子邮箱地址、社会保险号码和医疗识别号等有可能会被用于医疗欺诈的敏感信息,使Anthem成为美国医疗行业中最大的网络攻击受害者。2016年,陷入收购漩涡的雅虎先后被证实共超15亿用户信息遭窃,涉及用户姓名、电子邮箱、电话号码、生日和登录密码,刷新了人类大规模数据泄露的记录;2016年5月,2.73亿电子邮箱信息被黑客泄露,并被以1美元的低廉价格在黑市上售卖;2017年5月,互联网上30万台电脑受到WannaCry勒索病毒感染,至少有150个国家的政府、银行、能源、医疗等部门受到严重影响;2018年3月,Facebook的服务器遭受黑客攻击,导致大量数据泄露,5000万个账户受到影响。从以上的信息安全典型事件可以看出,目前世界范围内信息安全面临极其严峻的挑战,信息安全问题已经不仅仅影响单个企业或者行业利益,而且影响社会稳定和国家安全,从而导致信息安全防御的需求越来越迫切。习近平总书记在十九大报告中指出:"恐怖主义、网络安全、重大传染性疾病、气候变化等非传统安全威胁持续蔓延,人类面临许多共同挑战。"

为了应对信息安全问题,企业等组织的常规做法是加大信息系统安全的投入,通过购买和运用防火墙、入侵检测系统(Intrusion Detection System,IDS)、虚拟专用网络(Virtual Private Network,VPN)、防病毒软件、数据备份等更多更先进的设备或技术,来提升信息安全防御能力和效果。据智研咨询发布的《2018—2024 年中国信息安全行业市场深度调研及投资战略分析报告》统计，我国信息安全市场景气度持续走高，图 1.1 显示了 2012—2021 年我国信息安全行业市场规模的变化情况。从图中可以看出，2012 年我国信息安全产业规模仅为 157.27 亿元，而到了 2018 年，信息安全市场规模已升至 500.32 亿元，信息安全行业市场规模增长率呈现出不断上升的趋势。到 2021 年，我国信息安全行业市场规模达 926.8 亿元，2017—2021 年均复合增长率为 23.5%。

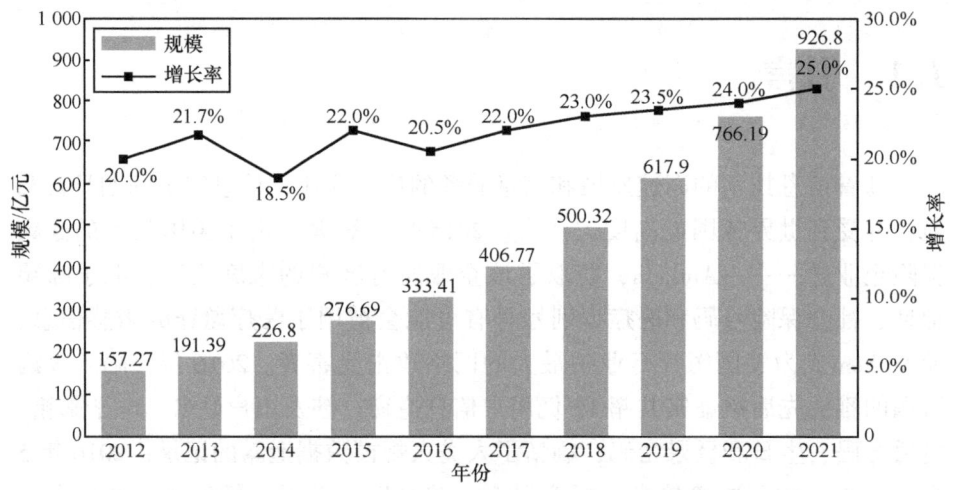

图 1.1　2012—2021 年我国信息安全市场规模及预测

然而，前人研究表明企业在信息安全方面的投资越大，运用越多越先进的信息安全技术，最后得到的效果并不是一定最好[2-5]。同时，先进的信息技术能够联系关联企业并整合供应链，如连续库存补充计划（Continuous Replenishment Program，CRP）、电子数据交换（Electronic Data Interchange，EDI）及供应商管理库存（Vendor Managed Inventory，VMI）等技术手段的应用能够使企业与其上下游企业，甚至与竞争对手之间形成紧密的联系和信息共享[6]。从而，企业信息系统的安全性能够直接影响到另一个企业，如在 2012 年 2 月，美国当地法院就华为公司起诉摩托罗拉公司和诺基亚西门子公司一案作出裁决，禁止摩托罗拉向后者转移华为公司的保密信息。这一案件缘起于诺基亚西门子对摩托罗拉无线业务部门的收购，因为摩托罗拉掌握着华为的部分核心机密，收购案可能会导致机密泄露，若诺基亚西门子公司通过收购掌握了华为的保密信息，黑客只需要入侵诺基亚西门子公司或华为公司就可以获得华为的核心机密信息。2017年2月24日，由京东倡议，联合腾讯、百度、沃尔玛中国、宝洁等14家知名企业及中国人民大学刑事法律科学研究中心共同发起的"阳光诚信联盟"正式成立，该联盟旨在通过互联网手段共同构筑反腐败、反欺诈、打击信息安全犯罪的安全长城，共同提升联盟成员内控部门的履职能力并打造放心消费的商业大环境，以上例子说明企业间信息安全事件的发生具有相关性，并且已有企业就信息安全方面达成合作。一方面，许多研究认为，黑客对信息资产相似的企业进行攻击时，会选择脆弱性高或资产价值大的目标，以此来获益[7-8]。这种信息资产的关联性在一定程度上必然会影响企业之间的信息安全投资策略选择及管理方式。另一方面，信息共享与信息安全投资是战略互补的关系。当信息共享不存在，各个企业单独决策时，企业仅考虑自身情况，其目标是最小化其成本；当企业间进行信息共享时，每个企业都可以降低信息安全方面的成本，同时能够提升其自身信息安全水平。为了促使企业间共享安全信息，美国政府建立了诸多机构，如CERT协调中心、特勤局电子犯罪工作组等，还建立了基于行业的信息共享与分析中心（Information Sharing and Analysis Centre, ISAC），包括信息技术行业、供应链、航空、电力、金融服务、房地产、交通、国防工业基地、公共交通等。为了提高我国的基本信息网络信息安全保障水平、重要信息系统和大多数互联网用户，有效地预防和应对网络信息安全事故引起的信息系统漏洞，确保关键信息基础设施和公共网络的安全运行，维护社会公共利益和国家网络信息安全，我国建立了诸多信息安全监测、通报、预警、处置和宣传机构，包括国家网络与信息安全信息通报中心、国家互联网应急中心、中国信息安全测评中心、中国信息安全认证中心、公安部信息安全等级保护评估中心、公安部计算机信息系统安全产品质量监督检验中心、计算机病毒防治产品检验中心等。

  企业信息系安全投资决策是信息安全经济学研究领域的重点问题之一。目前，关于企业信息安全投资方面主要有2个角度的研究，一是基于风险管理角度，主要包括定性分析和定量分析，其中定量分析主要通过评估分析、概率分析及投资分析来分析和降低信息安全投资的风险；二是基于成本收益的角度，主要包括基于博弈论的信息安全投资及考虑信息共享的信息安全投资。在关于关联企业信息安全投资决策问题中，关联企业的相互关联关系能够影响到企业的信息安全投资决策。而企业间相互关系根据信息资产关联性可归纳为3种，一是互补关系，企业群体间有业务上的往来，其信息资产是互补关系,那么企业之间具有互补性;二是替代关系,企业与企业之间是竞争的关系,其信息资产是替代关系;三是弱关联企业间的关系,不同于前 2 种企业间的强关系,信息共享平台是面对广大弱关联的企业群体。在关于关联企业信息安全投资决策问题中,还需要考虑 4 类参与者,即企业、黑客、客户、信息安全外包服务商及社会规划者[9]。企业通过制定信息安全策略保护其系统不受攻击,且企业间信息资产的性质会影响其企业群体的安全决策,黑客通过对其企业信息系统进行入侵来获取金钱和商业机密,客户对企业信息系统存放的个人信息比较敏感,因此企业的信息安全水平会影响用户的购买行为,社会规划者会制定相关政策来提高社会信息安全水平。

本书围绕企业信息安全投资决策相关问题,以企业信息资产关联性为切入点,研究了不同信息资产关联性下的企业在非合作情况及合作情况下的信息安全投资水平,通过对比及分析相关参数的影响,提出有效的激励机制,为企业信息安全投资决策提供理论支撑。

下面从信息安全管理现状及企业信息安全投资现状 2 个方面内容出发,介绍企业信息安全发展现状,并分析目前企业信息安全投资领域存在的不足及面临的挑战,为后续章节的详细讨论奠定必要的基础。

1.2 企业信息安全发展现状

本节基于 CiteSpace 可视化分析软件对当前信息安全管理领域文献进行全面回顾,探讨该领域的研究热点及研究前沿,并分析了未来趋势;在此基础上,筛选出与企业信息安全投资决策相关文献,分别从风险管理角度及安全成本效益角度对相关文献进行综述,并对已有成果的贡献和不足进行分析。CiteSpace 是和 Java 相关的可视化文献分析软件,该软件基于共引分析理论和寻径网络算法等,通过对特定领域文献进行计量,能够探寻出学科领域演化的关键路径及知识转折点,并通过绘制可视化图谱形成对学科演化潜在动力机制的分析和学科发展前沿的探测[10-13]。

1.2.1 信息安全管理现状

通过对当前信息安全领域文献的综合评述,探索信息安全领域的知识结构、发展和未来趋势。以 Web of Science 数据库中 2007 年 1 月至 2020 年 12 月信息安全相关文献为数据来源进行可视化分析，并将结果映射到信息模型（Information Model，I-Model）中。通过检索 Information security management、information security risk 及 IT security risk，得到 3534 篇文献，采用频率统计、聚类系数、中心性计算等评价方法对 CiteSpace 分析得到的所有相关数据进行分析。

1.2.1.1 信息安全管理领域基本信息

根据检索和下载的 3534 篇期刊文献的完整记录进行分析，每年的文献数量如图 1.2 所示。总体上看，文献数量呈上升趋势，2020 年已达到约 625 篇。在 2008 年和 2017 年之后有 2 个明显的增长。第一个增长发生在"斯诺登"事件之后，第二个增长可能由于一些网络钓鱼攻击、身份盗用、窃听等安全漏洞，如雅虎和 MySpace 的数据泄漏事件等。

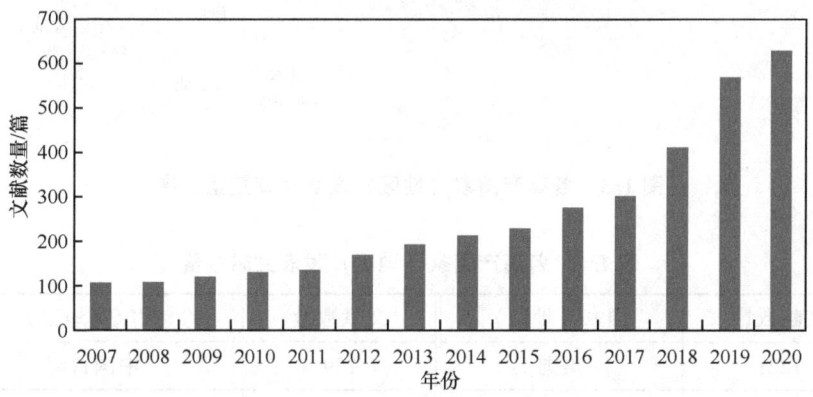

图 1.2　2007—2020 年信息安全领域发表文献数量情况

（1）高产国家（地区）和高产机构

从图 1.3 和表 1.1 的总发表量来看，美国共发表论文 1221 篇，贡献最大。美国是世界上第一个使用信息技术和网络技术的国家，也是一个信息安全法律法规更加系统的国家。此外，由于"9·11"恐怖袭击事件和"斯诺登"事件，信息安全的战略地位不断提升，使得许多研究者开始在信息安全领域进行研究。中国大陆排名第二，共发表 335 篇论文。中国是一个发展中国家，人口基数大，网民多。目前，中国已经建立了一些信息安全研究智库，这一现实要求在学术界起到了促进作用。排在第三和第四的分别是英国和澳大利亚，分别发表了311篇和171篇。一些欧洲国家也做出了很大的贡献，如德国（91）、意大利（76）及法国（66）等。

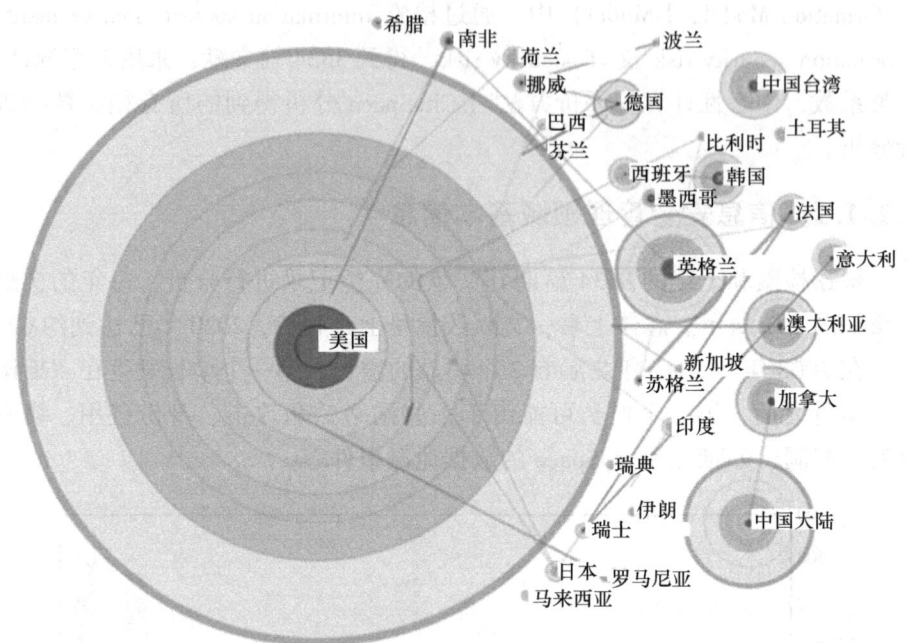

图 1.3　各高产国家（地区）发表文献数量图谱

表 1.1　各高产国家（地区）发表文献数量

文献数量	国家（地区）	文献数量	国家（地区）
1221	美国	139	中国台湾
335	中国大陆	91	德国
311	英国	81	韩国
171	澳大利亚	76	意大利
162	加拿大	66	法国

　　图 1.4 显示了各高产机构主要分布情况，一共有 133 个研究机构在信息安全管理领域发表过相关主题的文章。显然，主要的研究机构来自美国、中国、英国、澳大利亚和加拿大。在美国，哈佛大学、斯坦福大学、密歇根大学、北卡罗来纳州立大学、普渡大学、康奈尔大学、加利福尼亚大学伯克利分校等都是主要的研究机构；中国的主要研究机构有中国科学院大学、台湾

大学、清华大学、香港大学、北京大学、香港中文大学等；英国的主要研究机构有达特茅斯学院、伦敦帝国理工学院、牛津大学等；在澳大利亚，主要的研究机构包括迪肯大学、墨尔本大学、新南威尔士大学及澳大利亚国立大学。表1.2列出了排名居前十位的主要研究机构，哈佛大学发表了23篇论文，排名居第一位，斯坦福大学发表了18篇论文。大多数高产的研究机构来自美国、中国和英国。其他一些研机构，如阿尔伯塔大学和高丽大学，预计将继续在信息安全管理领域做出贡献。由此可见，各大科研院所和高校在信息安全管理领域做出了很大的贡献。

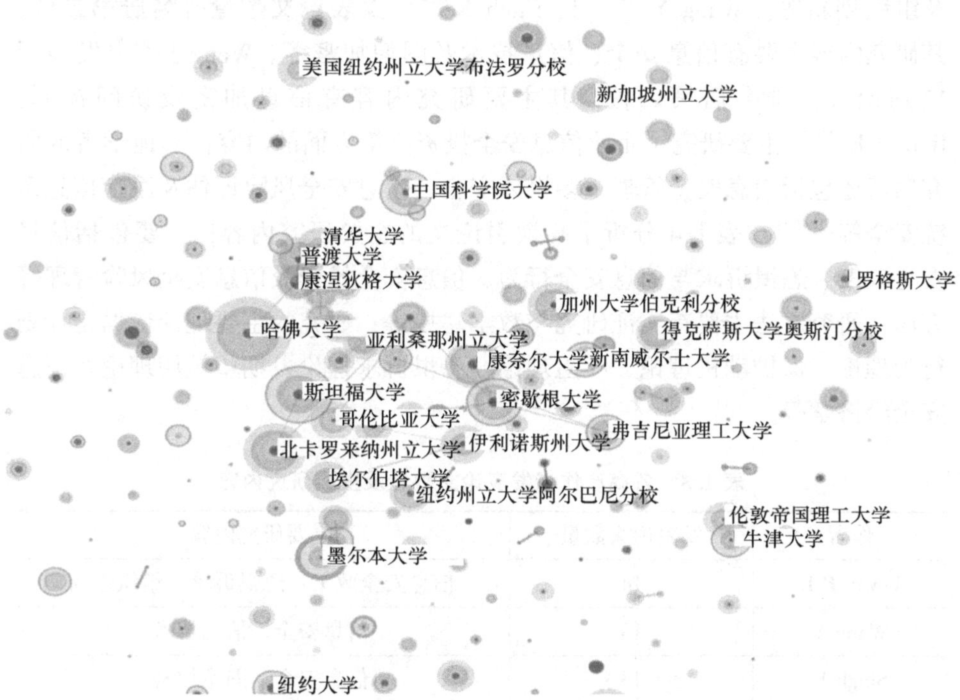

图1.4　各高产机构主要分布情况图谱

表1.2　各高产研究机构发表文献数量

文献数量	机构名称	文献数量	机构名称
23	哈佛大学	15	康奈尔大学
18	斯坦福大学	15	密歇根大学
17	北卡罗来纳州立大学	14	普渡大学

续表

文献数量	机构名称	文献数量	机构名称
14	台湾大学	14	墨尔本大学
14	加利福尼亚大学伯克利分校	14	中国科学院大学

(2) 高产作者及高被引作者

表1.3列出高产作者的发表论文数量及主要研究内容，Lowry P B[14-17]发表论文数量排名居第一位，其研究内容主要包括信息安全政策、恐惧诉求及组织创新等。Wang Y[18-19]及Singh K[20-21]发表论文数量排名居第二位，其研究内容主要有信息安全、信息技术及图像加密等。Wang J[22-23]发表了12篇论文，排名居第四位，其主要研究内容有信息加密及访问控制；Rao H R[24-25]主要研究了企业信息安全投资决策方面的内容；其他学者的研究领域还包括信息安全管理、多媒体安全、信息安全风险评估及医疗信息系统安全等[26-30]。表1.4分析了高被引论文的主要研究内容，主要包括信息安全政策、恐惧诉求与信息安全行为、信息安全投资及信息安全风险管理等方面；研究方法主要有实证研究与数学建模等；研究的主要理论依据是计划行为理论、保护动机理论、吓阻理论、恐惧诉求理论、期望效用理论及信息安全经济学等。

表1.3 各高产作者发表论文数量及主要研究内容

作者	发表论文数量	主要研究内容
Lowry P B	14	信息安全政策、恐惧诉求、组织创新
Wang Y	13	信息安全、信息技术
Singh K	13	信息安全、图像加密
Wang J	12	信息加密、访问控制
Rao H R	11	企业信息安全投资决策
Chang H	10	信息安全管理、信息技术、多媒体安全
Warkentin M	10	信息安全行为、恐惧诉求、信息安全政策
Chen W	10	图像加密、信息安全风险评估
Chung Y F	9	密匙管理、医疗信息系统安全
Johnston A C	9	信息安全行为、恐惧诉求、信息安全政策

表 1.4　高被引论文主要研究内容

作者（频次）	研究主题	方法	理论	结论
Bulgurcu B[31]（43）	信息安全政策遵从性研	实证研究	计划行为理论	企业员工遵守信息安全政策的意愿受其态度、主观信仰和自我效能的影响
Herath T[32]（35）	组织安全政策遵从性框架研究	实证研究	保护动机理论、吓阻理论	对严重入侵的威胁感知及对反应效能、自我效能和反应成本的反应感知可能会影响政策态度；组织承诺和社会影响对合规意愿有显著影响
Johnston A C[33]（33）	恐惧诉求和信息安全行为	实证研究	恐惧诉求理论	恐惧诉求会影响部分终端用户的行为意图，并取决于对自我效能、反应效能、威胁严重程度和社会影响的认知
Crossler R E[34]（32）	信息安全行为的未来研究方向	文献综述	无	未来研究领域包括区分内部偏差行为和内部不当行为，了解黑客的方法，提高信息安全遵从性，跨文化行为信息安全研究以及信息安全行为研究中的数据收集和测量问题
Herath T[35]（29）	鼓励组织中的信息安全行为：惩罚、压力和感知有效性的作用	实证研究	保护动机	信息安全行为会受到内在和外在激励因素的影响，主观规范和同伴行为所施加的压力影响着员工的信息安全行为，惩罚的严重程度对安全行为有负面影响
Workman M[36]（21）	信息安全漏洞和信息安全措施	实证研究	保护动机理论	使用保护动机理论来阐明和测试威胁控制模型，以验证假设并更好地理解"知行"鸿沟，从而提出更有效的信息安全防御措施

续表

作者（频次）	研究主题	方法	理论	结论
Huang C D[37]（20）	风险厌恶型企业信息安全最优投资的经济学分析	数学建模	期望效用理论	信息安全投资不一定随着决策者风险规避程度的提高而增加。随着信息安全投资的增加，当安全漏洞存在一个最小的潜在损失，在此情况下，最优投资为零
Bojanc R[38]（19）	信息安全风险管理	数学建模	信息安全经济学	文章介绍了信息系统的资产、威胁、漏洞的识别方法，提出了一种基于被保护系统价值的最优投资方法。并在定量风险分析的基础上，讨论了将这种方法用于外部保险的可能性
Yang Y P O[39]（16）	基于DEMATEL和ANP的信息安全风险控制评估技术	数学建模、实证研究	决策理论	文章提出一种结合VIKOR、DEMATEL和ANP的MCDM模型，以解决显示依赖和反馈相互冲突的标准问题。通过对风险控制评价的实证应用，说明了该方法的可行性

（3）高被引期刊

期刊高被引分析能够帮助我们了解该期刊的贡献，并找到适合投稿的期刊，表1.5中列出了10个高被引期刊名称、被引频次、主编及期刊范围。不难发现，Computers & Security 和 Information Systems Research 在信息安全管理领域具有重要地位，Decision Support Systems、Journal of Financial Economics、Computers in Human Behavior、Journal of Banking & Finance、MIS Quarterly、Risk Analysis、IEEE Access 及 Journal of Management Information Systems 等被引频次较高的期刊也在该领域发挥着重要作用。

表 1.5 高被引期刊具体情况

期刊名称	被引频次	主编	期刊范围
Computers & Security	69	Eugene H. Spafford	包括计算机安全、审计、控制和数据完整性等内容
Information Systems Research	35	Alok Gupta	涵盖与信息技术在不同层次的分析中的设计、管理、使用、评估和影响相关的各种现象和主题
Decision Support Systems	28	James R. Marsden	关于理论和技术问题,以支持加强决策。所涉及的领域包括决策支持系统的基础、功能、实现、影响和评估
Journal of Financial Economics	26	G. William Schwert	涵盖金融经济学理论方面内容
Computers in Human Behavior	24	Matthieu Guitton	从心理学角度研究计算机科学
Journal of Banking & Finance	24	Carol Alexander, Geert Bekaert	涵盖金融和银行业所有主要研究领域的理论和实证研究
MIS Quarterly	23	Arun Rai	包括信息系统领域、信息技术资源的管理及信息技术的使用和影响等
Risk Analysis	23	L. Anthony Cox, Jr.	人类健康与安全风险、微生物风险、工程、数学建模、风险表征、风险沟通、风险管理与决策、风险感知、可接受性、伦理道德以及生态风险等
IEEE Access	21	Michael Pecht	面向应用和跨学科的综合性期刊
Journal of Management Information Systems	19	Vladimir Zwass	包括竞争定位信息系统、信息技术支持的业务流程和管理、信息技术的商业价值、信息资源管理、商业全球化和信息技术等

(4) 文献共被引聚类

通过分析高被引文献的共被引聚类,能够反映该领域研究主题的演化过程。本小节通过 tf*idf 加权算法来进行每个共被引聚类。如图 1.5 所示,在时间轴视图中显示了 7 个共被引聚类及其聚类名称。可以看出,整个时间轴按照 3 年等分,从 1971 年到 2017 年。不同的灰度代表着不同的年份,由时间远近逐渐由深变浅。表 1.6 总结了信息安全管理领域文献的聚类名称、文章数量、平均年份、关键词及其中心性情况。聚类#0"信息安全行为实证研究"相关文献有 27 篇,是该领域最感兴趣的研究问题之一。第二个是聚类#1"网格计算环境",相关文献有 26 篇。第三个是聚类#2"信息安全意识",相关文章有 20 篇,其次是"信息安全政策"(#3)和"非对称密码系统"(#4),相关文献分别有 19 篇和 18 篇。聚类#5 和聚类#6 包含 14 篇和 12 篇文献,聚类名称分别为"理性选择与吓阻"和"市场价值"。

共被引聚类的时间跨度主要分布在 1990—2012 年。1990 年最早的聚类是"网格计算环境",它揭示了最早的信息安全问题是在网格计算环境下研究的技术方面的问题。表 1.7 给出了按照 1990—1997 年、1998—2005 年及 2006—2012 这 3 个时间段划分的聚类信息。按照时间演化规律,由各聚类中关键词分析,可以看出信息安全管理领域的研究趋势已经从信息安全技术层面相关内容转向数字服务产品及结合相关政策的综合性管理研究,逐渐形成了将信息安全作为整体考虑的宏观经济研究。

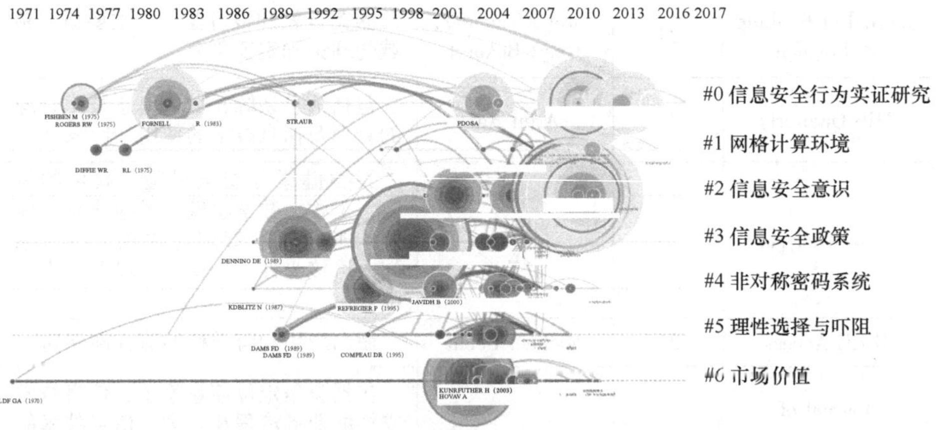

图 1.5 文献共被引聚类的可视化图谱

表 1.6 文献共被引聚类相关信息

聚类序号	数量	平均年份	关键词及其中心性(tf*idf)
#0	27	2004	信息安全行为(12.54);实证研究(12.54);医疗管理(12.54);漏洞挖掘(11.11);贝叶斯变量选择(11.11)
#1	26	1990	网格计算环境(13.61);信息技术(11.11);入侵检测系统(11.11);技术配置(11.11)

续表

聚类序号	数量	平均年份	关键词及其中心性（tf * idf）
#2	20	2005	信息安全意识（15.01）；信息安全知识共享（14.47）；个人信息安全行为（10.16）；医疗信息保护意向（8.94）
#3	19	2008	信息安全政策（13.61）；政策研究（13.61）；政策遵循（13.61）
#4	18	1995	非对称密码系统（9.2）；网络漏洞（8.94）
#5	14	2000	理性选择与吓阻（8.14）；风险评估工具（7.21）；信息安全文化（7.21）；案例研究（7.21）
#6	12	2012	市场价值（8.94）；供应链整合（8.94）；网络化的供应链（8.94）；信息的不确定性（8.41）

表1.7 文献共被引聚类按年份分类情况

年份	聚类数量	聚类名称
1990—1997	2	网格计算环境（#1, 1990）；非对称密码系统（#4, 1995）
1998—2005	3	理性选择与吓阻（#5, 2000）；实证研究（#0, 2004）；信息安全意识（#2, 2005）
2006—2012	2	信息安全政策（#3, 2008）；市场价值（#6, 2012）

1.2.1.2 信息安全管理领域研究框架

本小节对摘要中关键词进行分析，并将结果引入到 I-Model 中。I-Model 由 Zhang 等[40]提出，是研究信息安全问题最重要的框架之一。该模型基于信息安全的属性和学科，阐述了信息、技术、人和社会4个基本要素。信息因素包括获取/创建、处理、传播和使用信息，是信息安全相关领域主要研究对象；技术因素是计算机科学与工程及通信等多个领域的核心，通常包括硬件、软件、基础设施、应用程序、资源、服务等；人的因素是任何科技进步的根本动力，研究人员通常关注的是人们可能影响他们信息相关技能的方面，他们创造、理解、使用和传播信息的方式，以及他们如何适应由其他因素驱动的变化；而社会因素则涵盖了社会科学的许多方面。图1.6反映了信息安全领域综合研究框架。

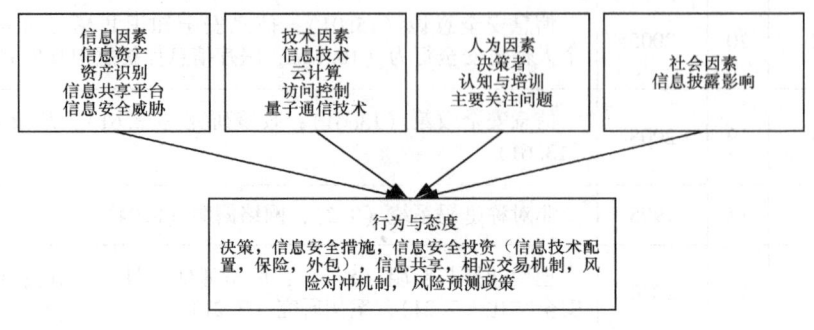

图1.6　信息安全领域综合研究框架

表1.8总结了信息安全研究中研究因素与常用理论之间的关系，可指导该领域未来研究方向。通过对摘要中的关键项进行筛选，并将因子分别作为自变量和因变量进行分类，一些因变量可能由中间变量组成。自变量是决策者主动操纵、控制和影响结果的变量。因变量在逻辑上是自变量后的变量，并随着自变量的变化而变化。中间变量是一个无法观察和控制的变量，它的影响只能从自变量和因变量之间的关系来推断。中间变量是因果的中间变量。通过将表1.8中的自变量与I-Model进行匹配，可以看出信息安全的威胁主要来自以下4个方面。①信息安全基础设施投资不足，缺乏有效的信息安全基础设施维护和维护系统，设计与施工缺乏同步化。②基础信息网络和重要信息系统的安全防护能力不强，从技术角度看，信息安全水平有待提高。③对硬件系统的蓄意攻击和自然灾害是最危险的，因此人为因素作为对信息安全最大的威胁，是最复杂、最活跃的因素，无法通过静态的方法、法律或法规加以防范。④信息披露可能会带来积极和消极的影响。例如，一家企业可能会透露，其已经采取了有效措施来缓和负面事件的影响，如通信故障、黑客攻击等。由于信息安全经济学的出现，考虑了各种经济和社会因素，通过运用经济学和管理学相关理论，能够解决信息安全利益相关者的利益冲突，最终提出信息安全方面的管理启示。

表 1.8 信息安全领域主要关键词分类

自变量	因变量	理论
信息资产	决策	博弈论
决策者	信息安全措施	灰色理论
信息技术	风险评估方法	模糊理论
资产识别	信息安全投资	FMEA
信息安全威胁	经济激励	决策理论
主要关注问题	信息技术配置	支持向量机
认知与培训	信息安全外包	证据理论
安全漏洞	信息安全保险	AHP
云计算	信息共享	PRA
访问控制	相应交易机制	保护动机理论
信息共享平台	风险对冲机制	
维护	风险预测	
完整性	信息安全政策	
识别与认证	量子通信技术	

1.2.1.3 研究热点及未来趋势

本节通过关键词分析，可掌握信息安全领域的研究热点及未来研究趋势，能够使相关研究人员产生新的见解，做出更多的理论上、方法上和实践上的贡献。图 1.7 显示了信息安全研究领域的热门研究主题，包括信息安全、系统、模型、管理、密码学、隐私、方案、风险、算法、认证、决策和入侵检测等。表 1.9 按年份列出了信息安全领域主要研究主题关键词，为了清晰地展示不同年份研究热点的演变，筛选了出现频次超过 40 次的关键词，并检查这些关键词是否具有中心性。表 1.10 列出了前 40 个最强引文突现主题关键字，其中 2007 年的主要研究课题包括数据安全、信息系统和数字全息等；2013 年的主要研究课题为分数傅里叶转换、服务和社会工程，一些研究课题一直持续到 2020 年，可以认为是信息安全研究的新趋势，如保护动机理论、信息共享、信息安全政策、风险预测及量子通信技术等。

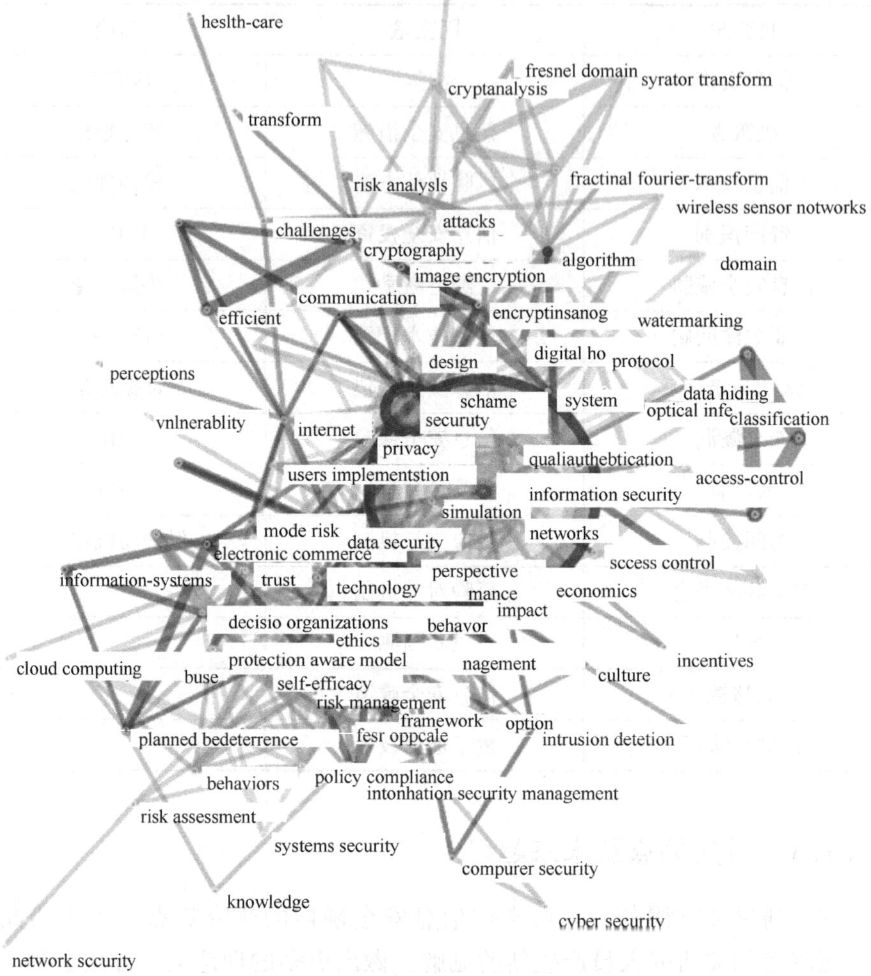

图 1.7　信息安全领域研究热点图谱

表 1.9　信息安全领域主要研究主题关键词

年份	关键词	中心性	频次	年份	关键词	中心性	频次
2007	信息安全	0.38	825	2008	框架	0.1	65
2007	系统	0.18	167	2008	信任	0.05	62
2007	模型	0.18	156	2008	网络	0.06	54
2007	管理	0.07	143	2008	保护动机理论	0.02	49

续表

年份	关键词	中心性	频次	年份	关键词	中心性	频次
2007	密码学	0.04	94	2008	图像加密	0.06	45
2007	方案	0.22	76	2009	前景	0.05	54
2007	风险	0.09	71	2009	行为	0.07	48
2007	算法	0.11	69	2010	隐私	0.1	91
2007	认证	0.07	68	2010	组织	0.04	53
2007	决策	0.03	43	2013	吓阻理论	0.01	42
2007	入侵检测	0.01	42	2013	速记式加密	0.02	41
2007	信息安全管理	0.01	40	2014	恐惧诉求	0.01	47
2008	技术	0.09	67	2015	信息共享	0.01	42

表1.10 前40个最强引文突现主题关键词

关键词	强度	起始年份	结束年份	关键词	强度	起始年份	结束年份
数据安全	4.87	2007	2008	分数傅里叶	3.21	2012	2013
信息系统	3.74	2007	2008	政策	3.04	2012	2013
数字全息	3.28	2007	2011	分数傅里叶转换	4.04	2013	2014
转变	3.04	2007	2008	服务	3.79	2013	2015
伦理学	3.55	2008	2009	社会工程	2.60	2013	2016
投资	3.34	2008	2012	吓阻理论	5.83	2014	2015
风险分析	3.16	2008	2010	分级	3.34	2014	2015
仿真	3.16	2008	2010	设计	2.77	2014	2015
激励机制	2.66	2008	2009	保护动机理论	6.88	2015	2018
实现	2.94	2009	2012	意图	6.43	2015	2017
容忍度	3.62	2010	2014	用户	4.64	2015	2017
密匙管理	2.74	2010	2011	质量	4.60	2015	2016
自组织网络	2.74	2010	2011	行为	4.11	2015	2016
风险管理	4.67	2011	2014	通信	3.43	2015	2016
安全政策	3.19	2011	2013	保障激励	3.37	2015	2018

续表

关键词	强度	起始年份	结束年份	关键词	强度	起始年份	结束年份
恢复	2.74	2011	2013	恐惧诉求	5.41	2016	2018
标准	2.70	2011	2012	信息共享	4.76	2016	2018
市场价值	2.70	2011	2012	信息安全政策	4.51	2016	2018
云计算	4.12	2012	2015	风险预测	3.76	2016	2018
经济激励	3.81	2012	2013	量子通信技术	3.16	2016	2018

通过对高被引文献的分析及 I-Model 分析框架的内容，可以提出一些未来的研究方向：

①从"信息安全投资""经济激励""IT 配置"等关键词可看出，越来越多的研究人员认识到，安全失效的原因是由于不良的经济激励和安全技术造成的，因此许多学者考虑到经济激励因素，来研究如何有效、经济地进行信息安全管理。

②有些研究课题持续到 2020 年，如保护动机理论、信息共享、信息安全政策、风险预测、量子通信技术等，特别是"量子通信"是量子理论与信息论相结合的产物，是近二十年来发展起来的一个跨学科的新领域。近年来，这门学科逐步从理论走向实践，高水平、高安全性的数据传输越来越受到人们的重视。

③传统的基于决策理论的评价方法如 AHP 或 PRA 无法分析双方的策略互动。根据信息安全理论的 I-Model 相关内容，可通过"博弈论"建模来解决相关问题。此外，"信息安全外包"和"信息安全保险"是提高信息安全水平的有效途径。因此，建议研究人员也可从契约理论中寻找新的视角来研究这类问题。

1.2.2 企业信息安全投资现状

本小节在信息安全管理领域文献基础上筛选出有关企业信息安全投资方面的文献，分别从风险管理角度和安全成本效益角度对企业信息安全投资问题进行综述。

1.2.2.1 基于风险管理角度的信息安全投资

本小节从风险管理的角度出发，对信息安全投资方面的文献进行综述，主要可以分为定性分析和定量分析2个方面。

（1）企业信息安全风险管理的定性分析

Broderick[41]研究了企业的信息安全风险管理的过程，研究发现过少的风险投入会给企业带来较多的安全风险，而过多的风险投入则会形成不必要的浪费，使得企业没有相对足够的资源在其核心业务上，影响其正常的商业运作。Alter等[42]提出了一个信息系统风险模型，并通过解决当前信息系统风险文献的局限性来推进对风险的讨论。通过与其他信息系统风险模型的比较，表明该模型涵盖了其他模型所表达的理念，同时为管理者在任何等级的风险下作出正确决策提供了一种实用的方法。Jones[43]构建了组织内信息系统风险管理框架，该框架显示了如何识别、评估和防御重大风险，并解释了可以采取哪些措施来减轻或防御未来的风险暴露。Salmela[44]提出了一种业务流程分析方法，可用于系统地识别潜在的损失，从而有效避免日益增长的信息安全风险带来的损失，通过总结先前对商业损失分析的研究，并举例说明如何使用业务流程分析方法，协助用户组织。Knapp等[45]通过定性方法提出一个信息安全政策模型，该模型阐明了信息安全政策的制定过程，包括对组织过程产生重大影响的关键外部和内部作用。该模型为从业者和研究人员在信息安全政策领域取得了有益进展。Ahmad等[46]通过定性方法来确定组织如何实施安全策略来保护自身信息系统，揭示了一种根深蒂固的预防心态，这种心态是由确保技术和服务的可用性所驱动的，并且忽视了商业安全风险带来的危害。该研究提出对企业范围内的多重战略部署进行研究，重点是如何结合、平衡和优化各种策略组合。为了保持信息资源的机密性、完整性和可用性，Webb等[47]提出了一个情境感知信息安全风险管理模型，该模型通过企业范围内的收集、分析和报告风险相关信息来帮助管理者作出正确的安全决策。Anjaria等[48]利用情境意识理论与控制论之间的关系来验证在组织场景中基于情景感知的信息安全风险管理（Information Security Risk Management，ISRM）实现的可行性。他们证明了控制论与情境意识理论之间的关系可以成功地建立起来。此外，这种关系可以用来解决与基于态势感知系统相关的组织实现问题。

(2) 企业信息安全风险管理的定量分析

1) 基于评估角度的企业信息安全风险管理

由于网络攻击和其他信息系统故障可能导致企业的严重损失，通常与对不同安全措施的持续投资和数据保护系统的购买有关。随着潜在风险的增加，对安全服务和数据保护的投资正在增长，正成为许多组织和企业面临的一个严重的经济问题。Bojanc 等[38]提出了一个企业信息安全风险管理的经济学模型，从经济的角度分析了几种投资安全技术的评估方法，并且分析了资产识别及系统脆弱性的方法，并提出了一种可根据受保护系统价值的风险量化，选择必要的安全技术的最佳投资。Houmb 等[49]在公共数据源和通用漏洞评分系统（Common Vulnerability Scoring System，CVSS）的基础上提出一种风险评估模型，该模型评估了脆弱性信息的安全风险级别，是系统中风险频率和影响评估的组合。通过定量分析潜在安全威胁的频率和影响，进而达到风险控制的目的。Feng 等[50]基于改进的证据理论，针对信息安全风险评估过程中的不确定性，提出信息安全风险评估模型。通过建立信息安全指标并确定权重，针对风险评估中存在的不确定性证据，采用模糊数进行赋值。这一过程可以有效地减少由专家提供的证据冲突带来的不确定性。Kong 等[51]根据信息安全投资的特点分析了信息安全投资策略和绩效关系。关键因素和绩效指标最初是通过与信息安全投资相关的前期研究获得的，并利用结构方程模型对相关企业和组织调查收集的数据进行实证分析。在多个方面部署安全资源可促进信息安全管理，包括预防攻击、减少脆弱性和威胁。Nazareth 等[52]从投资和安全成本的角度分析替代安全管理策略，为管理者制定适当的安全决策提供科学指导。研究结果表明，投资安全检测工具的回报要高于威慑投资。为了提高信息安全风险评估的准确性和稳定性，Li 等[28]提出了一种改进布谷鸟搜索（Improved Cuckoo Search，ICS）的进化算法，用于预训练反向传播神经网络（Back Propagation Neural Network，BPNN）。该神经网络能够克服局部极小值的缺陷，极大地提高了效率，可用作一个微型物联网系统的信息安全风险评估过程的一部分。为了减少采用定性方法进行信息安全风险评估产生的误差，Basallo 等[53]建立了基于知识和模糊逻辑的人工智能技术模型，对数据管理系统中的信息安全风险进行了评价，通过这种方式改进了信息安全风险的评估结果。

2) 基于概率分析角度的企业信息安全风险管理

Grunske 等[54]提出了一种基于风险的方法，为系统中的每个组件创建模块化攻击树。这些模块化攻击树被指定为参数约束，可以用来量化安全漏洞的可能性，这个是由于系统内部组件漏及环境中的漏洞导致。通过被攻击概率及攻击树的结构，能够度量整个系统的信息安全风险，并与可容忍风险进行比较。由于传统的预期价值方法（如每年的预期损失）不能完全描述组织所面临的信息安全风险，考虑到一些极端情况下，安全故障是关键的并会造成高损失。Wang 等[55]为衡量因安全漏洞导致的损失风险，引入了"风险值"并使用极端值分析来定量评估风险值。以此决策者可根据自身风险偏好做出适当的投资选择，并找到适当的解决方案。Feng 等[4]提出安全风险分析模型（Security Risk Analysis Model，SRAM）用来识别风险因素间的因果关系。在 SRAM 中，开发了贝叶斯网络用来定义风险因素及其因果关系。通过分析安全漏洞传播，来确定具有最大估计风险值和最高概率的传播路径。通过案例研究验证，SRAM 能够为企业建立有效的信息系统安全风险管理计划。Gusmão 等[56]提出了一种事件树分析与模糊决策理论相结合的信息安全风险分析模型，该模型在发生信息技术系统故障后，会识别并评估故障风险的顺序。通过制定事件和情景分类，根据风险的临界程度对备选方案进行排序，考虑到财务损失，最后，提供关于信息系统攻击原因的信息，并考虑了两种不同的方法来确定事件发生的概率。结果表明，外部数据库服务攻击风险最高。Baskerville 等[57]通过脆弱性点理论和风险的影响来考虑风险的概率，研究了信息系统集成和网络安全对策之间的关系。文中搜集了9721 家法国公司的调查样本，通过计量经济学分析发现更高程度的系统集成需要更高程度的网络安全，以此消除许多无法控制的及较少但可控制的脆弱性点。这一发现同时适用于系统内部与外部集成，但在后一种情况下效果更好。

3）基于投资分析角度的企业信息安全风险管理

Wang 等[58]提出了一种利用多目标模型的投资策略：一是最小化风险的机会成本，通过丢失保密性、完整性和可用性来间接地量化风险；二是投资回报在安全投资上必须大于投资。该模型利用机会成本对信息的风险进行了转换，通过影响因素对安全相关工具和政策的效率进行了衡量，然后得出了若干可选择的最优投资策略。管理者可使用这个模型来证明和衡量其在信息安全方面的预算是否与预期的风险一致。Huang 等[37]从一个风险规避决策者的角度出发，对信息安全投资进行了分析。根据预期效用理论，研究发现增加最大的安全投资，但不超过安全漏洞造成的潜在损失，并且存在最低潜在损失，其最优投资为零。该模型还表明，在信息安全方面的投资并不一定随着决策者风险厌恶程度的增加而增加。文中通过分析脆弱性和投资效益之间的关系，以及两大类安全违约概率函数之间的关系，给管理者确定企业的最佳安全投资水平提供科学依据。Lee 等[59]基于风险值和金融经济学的操作风险模型提出信息安全投资的利润优化模型。通过该模型，一是为客户信息安全投资的风险和回报之间的权衡提供指导；二是确定对卖方技术支持的风险补偿有效投资范围；三是模拟如何处理政府规定的投资水平和对技术投资的自我监管；四是当公司能够将部分成本转嫁给消费者时，描述客户信息安全投资水平。

由于风险管理是高质量软件开发过程的重要部分，然而在项目成本和期限的限制下，管理者很难确定风险管理的预算。为了将风险管理和软件开发有效集成，Li 等[60]提出了一个带有风险管理和成本控制模块的软件过程模型，以此帮助改进软件过程风险管理。此外，在此过程模型的基础上，提出了一种包含过程风险和软件可信赖度度量的度量模型。该模型可为软件开发过程提供优化的风险管理方案，并对过程成本和持续时间进行约束。结果表明，风险管理对于提高可信度至关重要，但风险管理是提高软件可信度的有效补充，而不是最基本的过程。软件开发人员应该采用适当的、最优的风险管理输入策略。在信息技术投资中考虑管理弹性可解决被动等待信息延迟及主动部署的不确定性。由于经典实物期权模型未能考虑到不确定性减少的价值，Michel[61]改进了传统模型来解决这一缺点，并在信息技术和网络安全投资环境中实现了缓解的效果。此模型通过支持被动和主动信息技术投资风险管理，为管理者做出正确决策提供科学依据。

1.2.2.2 基于安全成本效益角度的信息安全投资

本小节从安全成本效益的角度回顾了企业信息安全投资方面的问题。分别从企业基本的信息安全投资问题、基于博弈论的信息安全投资问题及考虑信息共享的信息安全投资问题进行综述。

（1）企业基本的信息安全投资问题

Anderson 等[62]分析了具有投资预算限制的企业信息安全投资最优策略。他们认为企业管理者决策的重点是优化安全资源，该策略虽然可以减少安全故障，但却受到了企业信息安全预算的限制。管理者必须确定什么是安全预算，并且需要将用于信息安全投资的支出与其他非安全投资进行比较，通过之前的损失和损害调整策略，研究发现最优策略取决于决策者的风险偏好，以及为达到这一目标所采用的信息。基于给定的数据中心网络拓扑和风险中立管理，Wang 等[63]提出了一种简单但有效的基于概率的模型，用于计算每个受保护资源不安全的概率，以及当数据中心处于安全漏洞时对每个安全保护装置的最优投资。作者提出了 2 种计算威胁概率的算法，分别计算了数据中心安全的最优投资。研究结果能够促进更安全的数据中心的分析和设计。Shirtz 等[64]提出一种新的优化投资决策框架，该框架假设企业能够提出可以解决已确定安全问题的补救措施。研究结果表明，耗尽信息安全预算并不能保证企业所需要的更高水平的安全性。专注于最终效果和企业需求，能够简化补救选择的过程。该研究使信息安全管理人员将信息安全补救措施和最佳实践方法需求与企业预算约束和业务需求保持一致，实用且易于实现。

在信息社会中，企业安全地管理其核心信息资源是非常重要的，但衡量信息技术安全投资回报的难度，是企业做出此类投资决策的关键障碍之一。Chai 等[64]通过事件研究法探讨了信息安全投资的价值，研究发现商业开发的安全投资往往会带来比信息安全投资更高的回报，另一个发现是根据股市对安全投资的作用，在萨班斯-奥克斯利法之后，股票市场的异常回报率是最高的。基于企业中信息安全风险和数字资产评估的定量分析，Bojanc 等[65]提出一种最优的安全技术投资评估和决策模型。利用对不同安全措施的定量分析，通过识别企业中的信息系统过程和潜在的威胁来抵消单个风险。该模型包括所有已确定的核心业务流程的目标安全级别、安全事故的可能性，以及企业可能遭受的损失。文章通过对不同的投资选项进行定量评估，为企业管理者作出相关决策提供科学依据。Huang 等[66]开发了一种固定预算信息安全投资配置的分析模型。考虑了具有不同特征的并发异构攻击，并基于无标度网络理论推导出了违背概率函数。通过对各种边界条件的分析和数值分析，研究了网络暴露、安全漏洞造成的潜在损失、投资效益和安全投资水平等主要变量之间的关系。研究发现安全预算有限的企业最好是将大部分或全部的投资分配到针对某一类攻击的措施上；当信息系统高度互联，且潜在损失相对较大时，管理者应将重点放在安全投资上，以防止有针对性的攻击。Huang 等[67]通过运用经典的经济决策分析技术和基于其网络特征的信息交流模型，为确定信息安全投资的最优水平提供科学依据。研究发现只有潜在损失达到某以阈值的安全事件才值得关注，而企业只会在内在安全风险的一小部分上采取相应措施。

基于扎根理论，Dor 等[3]提出了一个概念模型，该模型反映了在几个行业的组织中信息安全投资的最新决策实践。模型概括了当前的决策过程，同时考虑到组织在许多方面可能存在差异，包括信息安全预算管理的利益相关者，首席信息安全官在组织中的角色，该组织的行业部门，组织结构等。研究发现信息安全投资决策过程包含 14 个阶段和 16 个概念，这些概念影响并受到这些阶段的影响。研究表明决策过程因不同的组织和心理因素而存在严重的偏差。派生的概念模型可以帮助决策者/利益相关者在组织中执行、审查和操纵决策过程。同时，还可以帮助供应商和顾问了解和确定销售周期的各个方面。Mayadunne 等[68]运用预期效用法，分析了由中小企业承担风险的信息安全投资决策，并将这些决策与风险中性公司的决策进行比较。研究发现，在进行投资决策时，风险投资者倾向于优先考虑信息集的脆弱性。还有，当投资降低违约概率的有效性较低时，风险投资公司可能会比风险中性公司投入更大的资金来保护系统安全。研究指出，对于一组具有同等价值和不同脆弱性的信息集，风险中立决策者将使安全投资的多样化程度超过风险承担者。因此，风险承担者在保护该企业的高风险组时，将比风险中性公司投入更多的资金，文章研究成果为信息安全供应商在为小型企业量身定做产品时提供了指导。

（2）基于博弈论的信息安全投资问题

Cavusoglu 等[69]提出了一个分析信息安全投资问题的综合模型。该模型在选择安全技术的最优配置及安全系统的设计和定价方面有重要作用。研究结果表明，该模型对理解影响最佳投资和成本的不同参数具有一定的参考价值。管理者通常利用传统的决策理论风险管理技术来确定信息安全投资，Cavusoglu 等[70]指出这种方法是不准确的，因为黑客会根据企业的投资策略改变他们的策略。作者提出根据博弈理论来确定信息安全投资水平，并与决策理论在投资水平、脆弱性和投资收益等几个方面进行比较。研究发现序贯博弈结果能够为企业带来最大收益，但前提是企业在黑客之前采取行动。研究表明，如果企业从先前从黑客行为中吸取教训，并用来预估未来黑客的策略，那么决策理论和博弈论之间的差距会随着时间的推移而减少。Lelarge[71]针对大型网络代理的激励一致性问题，以此获得更好的安全性。文中从一个单一代理的经济模型开始，它决定了投资于保护的最佳数量。该模型考虑了代理对安全漏洞的脆弱性，以及如果发生安全漏洞，可能会造成损失。研究表明，当信息安全风险过大时，只有一小部分的预期损失应该被投资。

虽然通信网络和供应链一体化有助于优化传统供应链功能，但也加剧了信息安全风险。Bandyopadhyay 等[72]研究了网络安全漏洞和供应链集成对企业信息安全投资动机的影响。研究发现，尽管信息安全风险随着网络脆弱性程度或供应链整合程度的增加而增加，但它们对企业信息安全投资的动机产生了不同的影响。如果供应链一体化程度较低，那么网络脆弱性的增加会促使企业减少而不是增加他们的安全投资。足够高的供应链集成改变了网络脆弱性的影响，在网络脆弱性更高的情况下，企业有动机增加投资。尽管供应一体化程度的提高增强了企业对信息安全投资的激励，但信息安全的私有供应总是会导致安全水平低于社会最优水平。使责任方部分补偿对方损失的责任机制能够促使各企业在社会最优水平上进行投资。Wu 等[73]通过博弈论证明了相互关联企业对于目标型攻击的最佳安全投资水平是不同于分布式攻击的。研究发现并不是所有的信息安全风险都值得去投资，随着潜在损失的增加，增加安全投资是不明智的。当面对黑客目标型攻击时，企业应该增加具有内在脆弱性的投资，但当面对分布式攻击时，要把注意力集中在那些系统固有脆弱性的中端上。Wang 等[74]通过对投资收益的考虑，分析了 2 种典型攻击类型的最优信息安全问题。作者运用演化博弈论来研究相互关联企业如何从长远角度选择投资策略。结果表明，企业必须准确地估计与安全投资相关的参数，特别是投资金额与被攻击的潜在损失之间的关系。由于通信网络的脆弱性，企业需要投资于信息安全技术，以保护其机密信息。Qian 等[75]研究了多家企业的信息安全投资博弈，并对纳什均衡解和最佳解进行了理论和实验分析。结果表明，较大的网络规模或较大的单步传播概率对纳什均衡投资具有负面影响。最优投资不一定在网络规模或单步传播概率中增加，其变化趋势取决于具体情况。

（3）考虑信息共享的信息安全投资问题

Hausken[76]研究了相互关联企业的信息共享和信息安全策略，分析了企业进行信息共享的程度，以及每个企业在信息共享和安全投资之间如何做出权衡。研究表明，信息共享在企业间相互依赖性中呈线性增长，而在负或无相互依赖的情况下，企业将不会选择信息共享策略。然而，这篇文章的研究成果在 Gao 等[6]学者的研究中被改变，Gao 等通过安全违约概率函数，探讨了如何确定 2 家公司的安全投资和信息共享。假设企业在进行独立决策时，分析了信息共享、聚合攻击、总防御和安全漏洞在均衡状态下的概率，并这些结果与集中决策结果进行比较。研究证明，尽管总攻击、总防御和安全违约概率保持不变，但社会规划者的更多干预将带来更高的社会福利。Liu 等[77]研究了关联企业在信息安全方面的知识共享和投资决策之间的关系。分析表明，关联企业所拥有的信息资产的性质无论是互补的还是可替代的，在管理者做决策过程中起着关键的作用。研究表明互补企业在不需要外部因素影响的情况下就能够积极地进行信息共享，然而当投资水平低于最佳水平时，可通过协调机制奖励企业来增加其投资水平。替代企业会发现其陷入"囚徒困境"而不会选择信息共享的策略，从而造成过度投资，在这种情况下可通过激励机制在投资不足的地区增加投资水平的奖励并惩罚过度投资。Gao 等[78]研究了互补企业信息共享和信息安全投资策略。假设当企业在安全投资和信息共享方面独立决策时，可获得企业和攻击者的最优策略，并与替代企业的最优策略形成鲜明对比。他们进一步分析了社会规划者对社会总成本的影响，研究表明社会规划者的干预是不必要的。为了增加消费者需求，企业通常会整合其信息安全投资策略，并从竞争对手那里获取市场份额及他们的安全信息共享策略，以增加所有共享信息企业的消费需求。Gao 等[79]运用微分博弈理论，探讨了替代企业在目标攻击下的安全投资和信息共享的动态策略，在此基础上，2 家企业都可以通过内部定价机制来影响其信息资产的价值。研究表明面对消费者需求损失系数较高和更密集目标攻击的问题，2 家企业都不愿积极防御黑客，宁愿降低黑客攻击的负面影响以降低其定价率。

1.3　企业信息安全投资述评及启示

　　根据以往对企业信息安全投资方面的研究综述分析，可以看出企业信息安全投资领域相关研究受到学者广泛的关注，并形成很多具有参考价值的成果。已有的关于企业信息安全投资决策方面的研究为本书研究提供了现实背景和研究方法，为企业信息安全投资决策问题的提炼提供了研究背景和研究依据。现有研究指出企业在信息安全方面的投资越大，运用越先进的信息安全技术，最后得到的效果并不一定最好，企业需权衡安全、成本与效益之间的关系来使整个系统的收益最大。而企业的系统脆弱性与企业投资效率、投资额及信息系统的配置有关，这些研究成果为企业信息安全投资决策研究提供了现实背景和依据。指明了企业信息安全投资决策研究的在理论层面和实践层面的意义。现有研究表明外部性对企业信息安全投资决策能够产生影响，基于外部性的企业信息安全决策研究对现实具有一定的指导意义，而外部性主要是由企业间信息资产关联性导致，因此从不同资产关联性出发研究能够为企业管理者做出正确决策提供科学依据，这为本书研究思路的形成提供了方向指引。以往主要从风险管理的角度和安全成本效益的角度对企业信息安全投资决策方面进行研究，关于考虑信息资产关联性的企业信息安全投资决策问题与方法研究相对较少，下面对目前企业信息安全投资领域存在的不足及面临的挑战进行分析。

1.3.1 企业信息安全投资存在的不足

目前，在电子商务的广泛应用及企业信息化不断深入的背景下，出现了新的企业信息安全问题，那么更需要系统的考虑企业间的关联关系对企业群体信息安全投资决策方面的影响；以往文献缺少对企业单独决策及联合决策时的最优结果进行理论证明；很少有研究对比单独决策及联合决策的最优结果，提出有效的经济激励机制，以帮助企业群体实现整体信息安全水平的提升并能够减少其期望成本。此外，目前关联企业信息安全投资领域的研究存在以下几个方面的问题。

① "多企业" "非合作" 使得互补企业间信息安全投资决策面临新的挑战。目前已有企业在信息共享情况下的2个企业间信息安全投资决策方面的研究，而现实中有些企业担心与其他企业合作会给其带来负面影响而不愿意进行合作，且企业数量会直接影响企业信息安全投资水平，因此如何对信息资产互补的"多企业"在"非合作"情况下的最优投资水平进行理论研究，并且与完全合作情况下的最优投资结果进行对比分析，进而提出有效的激励机制是互补企业间信息安全投资决策面临的新挑战。

② "外部性" "替代性" 使得在信息安全投资决策过程中黑客及企业行为更加复杂。已有研究表明企业的信息安全投资具有显著的外部性，在信息系统存在外部性的情况下，进行投资必须考虑信息资产性质。由于企业间信息资产的替代性特征，黑客一旦成功入侵其中一家企业，并获得了企业的信息资产就会停止攻击，若黑客攻击第一家企业失败后，将会导致黑客试图攻

击第二家企业。因此，如何在"外部性""替代性"的影响下分析黑客行为对企业信息安全投资决策的影响，是一个值得深入研究的重点问题。企业信息资产的替代程度能够影响黑客入侵概率从而影响企业期望成本的大小，那么有必要将"企业信息资产替代率"引入替代企业信息安全投资决策模型中，针对实际情况中具体的多企业结构，考虑替代企业群体中企业数量、黑客的入侵概率及企业替代率的影响，对多个替代企业单独决策和协同决策进行研究分析。

③ "弱关联" "不可比" 使得企业在信息安全投资决策过程中面临新的难题。目前，对于企业间信息安全投资决策研究主要是针对信息资产强关联之间的企业，尚未涉及信息资产弱关联企业信息安全投资策略。并且大量"搭便车"企业的存在致使企业对参与信息安全知识共享平台的积极性并不是太高，平台难以充分发挥其有效性。因此，有必要综合多种影响因素，研究各平台企业行为策略倾向及信息共享演化路径变化情况，这对于提高信息共享平台效率，提升信息安全投资收益率，提高公共信息安全水平有很重要的意义。

1.3.2 企业信息安全投资研究的启示

围绕企业信息安全投资决策问题，考虑企业间信息资产关联性因素，本书分别对互补企业、替代企业及弱关联企业间的信息安全投资决策问题进行深入研究，并对关键参数进行分析，使企业在一定程度上最小化其信息安全方面的期望成本，将这部分投资使用在企业核心具有竞争力的项目上，使每个企业都达到"双赢"的局面，从而避免企业在信息安全方面盲目投资，提高企业在信息安全管理方面的科学性和合理性。其具体目的如下：

（1）企业信息安全投资决策影响因素分析

分析影响企业信息安全投资决策的因素，并对影响因素关系进行结构分析，对正确理解企业间信息安全投资决策问题的形成、模型建立及演化机制具有理论价值与参考作用。

（2）互补企业间信息安全投资决策分析

在已有研究的基础上，将 2 个互补企业扩展到多个企业的情形，并考虑互补企业群体中的多次传播性及黑客入侵概率，对多个互补企业单独决策和在协同决策情况下的最优投资决策进行研究分析，提出促进企业进行联合决策的企业补偿机制及信息共享机制。

（3）替代企业间信息安全投资决策分析

考虑企业规模、企业替代率及黑客入侵概率，分析替代企业在单独决策和协同决策时的最优投资决策，在此基础上提出有效的信息共享机制，确保社会信息安全水平达到最优，提高所有企业的利益。

（4）弱关联企业间信息安全投资决策分析

运用演化博弈模型，考虑了企业信息共享成本、信息共享溢出效应及政府补贴因素，分析平台企业在信息共享过程中的策略选择问题，借助 Matlab 模拟仿真不同影响因素变化时，平台企业信息共享的演化路径并依据研究结果提出提升信息共享平台效率的路径。

1.4　企业信息安全投资决策

信息资产关联性是新型信息安全经济学的一个重要影响因素，能够对多企业间信息安全投资决策产生影响，通过研究关联企业信息安全投资决策问题，能够有效提升企业的信息安全水平并降低期望成本。本书从理论层面及实践层面对影响企业信息安全投资决策因素结构分析、互补企业信息安全投资决策问题、替代企业信息安全投资决策问题及基于信息共享平台企业信息安全投资决策问题进行研究与分析，还通过数值实验对提出方法及理论结果进行验证，最后提出相应的管理启示。

信息技术的同质化及共有用户数量的增长导致企业信息资产的关联性增强，企业群体信息资产的关联性会直接影响企业在信息安全方面的投资决策。本书针对信息资产关联性下的企业信息安全投资决策问题进行了系统的研究，构建了3种情形下的博弈模型，分别分析了关联企业群体单独决策及联合决策下的企业策略，提出有效的激励机制并进行了理论分析及数值实验。以往研究很少考虑信息资产关联性下的企业信息安全投资问题，本书丰富了企业信息安全投资决策理论。另外，能够为现实中互补企业、替代企业及弱关联企业的信息安全投资提供决策参考。对不同信息资产关联性下的企业如何进行信息安全投资提供科学决策，从而减少企业由于信息泄露而造成的损失。研究基于信息共享平台企业信息安全投资与安全信息共享方面的问题可提高平台的信息共享效率。研究不同信息资产关联性下企业的投资决策可增强企业群体间的合作关系，降低企业群体在信息安全方面的整体成本，提高企业群体的利益，提高企业的竞争力。

　　本书是在考虑企业信息资产相互关联性的情况下，研究企业信息安全投资决策问题，以及在面对不同的信息资产关联性类型下，企业管理者的应对措施。为了优化企业信息安全投资水平，先要了解影响企业信息安全投资决策的因素，分析各因素之间的关系，通过解释结构模型分析各影响因素之间的逻辑关系，由此得出影响企业信息安全投资决策的最主要原因。而企业间相互关系根据信息资产关联性可归纳为3种：一是互补关系，企业群体间有业务上的往来，其信息资产是互补关系，那么企业之间具有互补性；二是替代关系，企业与企业之间是竞争的关系，其信息资产是替代关系；三是弱关联企业间的关系，不同于前2种企业间的强关系，信息共享平台是面对广大弱关联的企业群体。因此，从信息资产关联性的角度出发，将研究对象分别考虑为互补企业、替代企业及弱关联企业的信息安全投资决策问题。在考虑互补企业信息安全投资决策问题时，黑客成功入侵一家企业后，还需要成功入侵企业群体中的其他企业以获取价值。如果只有一家企业被入侵，信息的互补性保证了黑客不会获得任何价值，企业也不会遭受损失。针对实际情况中具体的多企业结构，考虑互补企业群体中的多次传播性及黑客的入侵概率，对多个互补企业在合作情况下和非合作情况下进行安全投资水平的研究分析并提出有效的经济激励机制。在考虑替代企业信息安全投资决策问题时，一旦成功入侵其中一家企业，并获得了企业的信息资产，黑客就会停止攻击，若黑客攻击第一家企业失败后，将会导致黑客试图攻击第二家企业。针对替代企业信息资产性质，模型构建时需考虑替代企业群体中的企业数量、企业替代率及黑客入侵概率，并对多个替代企业在合作情况下和非合作情况下各企业信息安全最优投资额及相关的参数分析。在关于弱关联企业的信息安全投资决策问题中，通过研究各平台企业行为策略倾向及信息共享演化路径的变化情况，可提升企业信息安全投资率、提高信息共享平台效率，这对于提高公共信息安全水平有重要作用。因此，通过演化博弈模型分析平台企业在信息共享过程中的策略选择问题，再通过模拟仿真不同影响因素变化时，平台企业信息共享的演化路径，可据此提出提升信息共享平台效率的条件。

　　在考虑信息资产关联性企业信息安全投资决策问题中，主要内容包括4个部分。其中，分析企业信息安全投资决策影响因素是研究关联企业信息安全投资决策问题的前提，通过分析及总结以往的研究经验，对影响企业信息安全投资决策的因素进行分类归纳分析，并构建解释结构模型，为后文中建立企业间信息安全投资决策模型提供前期的研究准备。基于此，本书首先从信息资产互补的角度，考虑企业数量、网络一次传播概率和黑客入侵概率构建了互补企业信息安全投资决策模型，分析在合作情况下和非合作情况下的最优投资决策，并提出有效的经济激励机制。其次，从信息资产替代的角度，分析多个企业在单独决策和联合决策情况下的最优投资水平，并提出促进企业进行联合决策的信息共享机制。最后，从信息资产弱相关的角度，分析基于信息共享平台企业在信息共享过程中的策略选择问题，分析关键参数对企业均衡策略的影响，并提出提升信息共享平台效率的路径。构建与上述问题相适应的模型，并通过理论证明和仿真模拟对结果进行验证。目的在于为企业管理者和理论工作者在信息安全投资决策方面提供参考。本书主要以信息安全经济学相关理论为基础，结合博弈论、最优化理论、决策理论和协同理论等知识，对互补企业及替代企业信息安全投资决策模型进行研究，结合演化博弈论和成本收益理论对弱关联企业信息安全投资决策模型进行研究。分别构建了互补企业信息安全投资博弈模型、替代企业信息安全投资博弈模型以及弱关联企业间信息安全投资演化博弈模型，在此基础上提出有效的经济激励机制。通过 Matlab 和 Maple 等软件对模型、结果及数值实验进行计算，最后根据实验结果提出相应的管理启示，这对于提高企业信息安全能力，确保企业信息安全具有重要意义和指导价值。

参考文献

[1] PÉREZ-MÉNDEZ J A, MACHADO-CABEZAS Á. Relationship between management information systems and corporate performance[J]. Revista de contabilidad, 2015, 18(1): 32-43.

[2] CAVUSOGLU H, MISHRA B, RAGHUNATHAN S. The value of intrusion detection systems in information technology security architecture[J]. Information system research, 2005, 16(1): 28-46.

[3] DOR D, ELOVICI Y. A model of the information security investment decision-making process[J]. Computers & security, 2016, 63: 1-13.

[4] FENG N, WANG H J, LI M. A security risk analysis model for information systems: causal relationships of risk factors and vulnerability propagation analysis[J]. Information sciences, 2014, 256(1): 57-73.

[5] QIAN X F, LIU X B, PEI J, et al. A game-theoretic analysis of information security investment for multiple firms in a network[J]. Journal of operational research society, 2017, 68(10): 1290-1305.

[6] GAO X, ZHONG W J, MEI S. Security investment and information sharing under an alternative security breach probability function[J]. Information system frontiers, 2015, 17(2): 423-438.

[7] PENG H, ZHAO D D, HAN J M, et al. Invulnerability of grown Peer-to-Peer networks under progressive targeted attacks[J]. Physica A, 2015, 428: 60-67.

[8] CHEN Z, DU W B, CAO X B, et al. Cascading failure of interdependent networks with different coupling preference under targeted attack[J]. Chaos, solitons & fractals, 2015, 80: 7-12.

[9] 吴勇. 基于安全外部性的企业信息安全决策研究[D]. 西安: 西安交通大学, 2017.

[10] CHEN C M. CiteSpace II: Detecting and visualizing emerging trends and transient patterns in scientific literature[J]. Journal of the American society for information science, 2006, 57(3): 359-377.

[11] CHEN C M. Searching for intellectual turning points: progressive knowledge domain visualization[J]. Proceedings of the national academy of sciences, 2004, 101(Suppl 1): 5303-5319.

[12] CHEN D, LIU Z, LUO Z H, et al. Bibliometric and visualized analysis of emergy

research[J]. Ecological engineering, 2016, 90: 285-293.

[13] CHEN C M. Eugene Garfield's scholarly impact: a scientometric review[J]. Scientometrics, 2018, 114(2): 489-516.

[14] LOWRY P B, POSEY C, BENNETT R J, et al. Leveraging fairness and reactance theories to deter reactive computer abuse following enhanced organisational information security policies: an empirical study of the influence of counterfactual reasoning and organisational trust[J]. Information systems journal, 2015, 25(3): 193-273.

[15] BOSS S R, GALLETTA D F, LOWRY P B, et al. What do systems users have to fear? using fear appeals to engender threats and fear that motivate protective security behaviors[J]. MIS quarterly, 2015, 39(4): 837-864.

[16] LOWRY P B, MOODY G D. Proposing the control-reactance compliance model (CRCM) to explain opposing motivations to comply with organisational information security policies[J]. Information systems journal, 2015, 25(5): 433-463.

[17] LOWRY P B, DINEV T, WILLISON R. Why security and privacy research lies at the centre of the information systems (IS) artefact: proposing a bold research agenda[J]. European journal of information systems, 2017, 26: 546-563.

[18] WANG Y, MIAO Z Y, JIAO L. Safeguarding the ultra-dense networks with the aid of physical layer security: a review and a case study[J]. IEEE access, 2017, 4(99): 9082-9092.

[19] WANG Y, MIAO Z, SUN R, et al. Distributed coalitional game for friendly jammer selection in ultra-dense networks[J]. EURASIP journal on wireless communications & networking, 2016(1): 211-225.

[20] KUMAR P, JOSEPH J, SINGH K. Optical image encryption using a jigsaw transform for silhouette removal in interference-based methods and decryption with a single spatial light modulator[J]. Applied optics, 2011, 50(13): 1805-1811.

[21] SINGH H, YADAV A K, VASHISTH S, et al. Double phase-image encryption using gyrator transforms, and structured phase mask in the frequency plane[J]. Optics & lasers in engineering, 2015, 67: 145-156.

[22] GUO P, WANG J, JI S, et al. A lightweight encryption scheme combined with trust management for privacy-preserving in body sensor networks[J]. Journal of medical systems, 2015, 39(12): 1-8.

[23] WANG J, SHI Y, PENG G J, et al. Survey on key technology development and application in trusted computing[J]. 中国通信(英文版), 2016, 13(11): 70-90.

[24] CHA S M, KIM M, RAO H R. Firms' information security investment decisions: Stock market evidence of investors' behavior[J]. Decision support system, 2011, 50

(4): 651-661.

[25] AKANFE O, VALECHA R, RAO H R. Assessing country-level privacy risk for digital payment systems[J]. Computer & security, 2020, 99: 1-13.

[26] KIM Y, CHANG H. Human centric security policy and management design for small and medium business[J]. Security & communication networks, 2015, 7(10): 1622-1632.

[27] PARK W, NA O, CHANG H. An exploratory research on advanced smart media security design for sustainable intelligence information system[J]. Multimedia tools & applications, 2016, 75(11): 1-12.

[28] LI S Y, BI F M, CHEN W, et al. An improved information security risk assessments method for cyber-physical-social computing and networking[J]. IEEE access, 2018, 6(99): 10311-10319.

[29] CHEN W, CHEN X D. Optical color image encryption based on an asymmetric cryptosystem in the Fresnel domain[J]. Optics communications, 2011, 284(16): 3913-3917.

[30] LIU C H, CHUNG Y F, CHEN T S, et al. The enhancement of security in healthcare information systems[J]. Journal of medical systems, 2012, 36(3): 1673-1688.

[31] BULGURCU B, CAVUSOGLU H, BENBASAT I. Information security policy compliance: an empirical study of rationality-based beliefs and information security awareness[J]. MIS quarterly, 2010(3): 523-548.

[32] HERATH T, RAO H R. Protection motivation and deterrence: a framework for security policy compliance in organisations[J]. European journal of information systems, 2009, 18(2): 106-125.

[33] JOHNSTON A C, WARKENTION M. Fear appeals and information security behaviors: an empirical study[J]. MIS quarterly, 2010, 34(3): 549-566.

[34] CROSSLER R E, JOHNSTON A C, LOWRY P B, et al. Future directions for behavioral information security research[J]. Computers & security, 2013, 32: 90-101.

[35] HERATH T, RAO H R. Encouraging information security behaviors in organizations: role of penalties, pressures and perceived effectiveness[J]. Decision support system, 2009, 47(2): 154-165.

[36] WORKMAN M, BOMMER W H, STRAUB D. Security lapses and the omission of information security measures: a threat control model and empirical test[J]. Computers in human behavior, 2008, 24(6): 2799-2816.

[37] HUANG C D, HU Q, BEHARA R S. An economic analysis of the optimal information security investment in the case of a risk-averse firm[J]. International journal of production economics, 2008, 114(2): 793-804.

[38] BOJANC R, JERMAN-BLAZIC B. An economic modelling approach to information

security risk management[J]. International journal of information management, 2008, 28(5): 413-422.

[39] YANG Y P O, SHIEH H M, TZENG G H. A VIKOR technique based on DEMATEL and ANP for information security risk control assessment[J]. Information sciences, 2013, 232(5): 482-500.

[40] ZHANG P, BENJAMIN R I. Understanding information related fields: A conceptual framework[J]. Journal of the American society for information science & technology, 2007, 58(13): 1934-1947.

[41] BRODERICK J S. Information security risk management: when should it be managed[J]. Information security technical report, 2001, 6(3): 12-18.

[42] ALTER S, SHERER S A. A general, but readily adaptable model of information system risk[J]. Communications of the association for information systems, 2004, 14: 1-28.

[43] JONES A. A framework for the management of information security risks[J]. Bt technology journal, 2007, 25(1): 30-36.

[44] SALMELA H H. Analysing business losses caused by information systems risk: a business process analysis approach[J]. Journal of information technology, 2008, 23(3): 185-202.

[45] KNAPP K J, JR R F M, Marshall T E, et al. Information security policy: an organizational-level process model[J]. Computers & security, 2009, 28(7): 493-508.

[46] AHMAD A, MAYNARD S B, PARK S. Information security strategies: towards an organizational multi-strategy perspective[J]. Journal of intelligent manufacturing, 2014, 25(2): 357-370.

[47] WEBB J, AHMAD A, MAYNARD S B, et al. A situation awareness model for information security risk management[J]. Computers & security, 2014, 44: 1-15.

[48] ANJARIA K, MISHRA A. Relating Wiener's cybernetics aspects and a situation awareness model implementation for information security risk management[J]. Kybernetes, 2017, 47(1): 58-79.

[49] HOUMB S H, FRANQUEIRA V N L, ENGUM E A. Quantifying security risk level from CVSS estimates of frequency and impact[J]. Journal of systems & software, 2010, 83(9): 1622-1634.

[50] FENG N, LI M Q. An information systems security risk assessment model under uncertain environment[J]. Applied soft computing journal, 2011, 11(7): 4332-4340.

[51] KONG H K, KIM T S, KIM J. An analysis on effects of information security investments: a BSC perspective[J]. Journal of intelligent manufacturing, 2012, 23(4): 941-953.

[52] NAZARETH D L, CHOI J. A system dynamics model for information security management

[J]. Information & management, 2015, 52(1): 123-134.

[53] BASALLO Y A, SENTI V E, SANCHEZ N M. Artificial intelligence techniques for information security risk assessment[J]. IEEE latin America transactions, 2018, 16(3): 897-901.

[54] GRUNSKE L, JOYCE D. Quantitative risk-based security prediction for component-based systems with explicitly modeled attack profiles[J]. Journal of systems & software, 2008, 81(8): 1327-1345.

[55] WANG J G, CHAUDHURY A, RAO H R. Research note-a value-at-risk approach to information security investment[J]. Information systems research, 2008, 19(1): 106-120.

[56] DE GUSMÀO A P H, SILVA L C E, SILVA M M, et al. Information security risk analysis model using fuzzy decision theory[J]. International journal of information management, 2016, 36(1): 25-34.

[57] BASERVILLE R, ROWE F, WOLFF F C. Integration of information systems and cybersecurity countermeasures: an exposure to risk perspective[J]. Data base for advances in information systems, 2017, 49(1): 69-87.

[58] WANG Z K, SONG H T. Towards an optimal information security investment strategy[C]// Proceedings of the IEEE International Conference on Networking, Sensing and Control, 2008.

[59] LEE Y J, KAUFFMAN R J, SOUGSTAD R. Profit-maximizing firm investments in customer information security[J]. Decision support system, 2011, 51(4): 904-920.

[60] LI J P, LI M L, WU D S, et al. An integrated risk measurement and optimization model for trustworthy software process management[J]. Information sciences, 2012, 191(9): 47-60.

[61] MICHEL B. Real options models for proactive uncertainty-reducing mitigations and applications in cybersecurity investment decision-making[J]. Social science electronic publishing, 2017, 4: 11-30.

[62] ANDERSON E E, CHOOBINEH J. Enterprise information security strategies[J]. Computers & security, 2008, 27(1): 22-29.

[63] WANG S L, CHEN J D, STIRPE P A, et al. Risk-neutral evaluation of information security investment on data centers[J]. Journal of intelligent information systems, 2011, 36(3): 329-345.

[64] SHIRTZ D, ELOVICI Y. Optimizing investment decisions in selecting information security remedies[J]. Information management & computer security, 2011, 19(2): 95-112.

[65] BOJANC R, JERMAN-BLAZIC B, TEKAVCIC M. Managing the investment in information

security technology by use of a quantitative modeling[J]. Information processing & management, 2012, 48(6): 1031-1052.

[66] HUANG C D, BEHARA R S. Economics of information security investment in the case of concurrent heterogeneous attacks with budget constraints[J]. International journal of production economics, 2013, 141(1): 255-268.

[67] HUANG C D, BEHARA R S, GOO J. Optimal information security investment in a healthcare information exchange: an economic analysis[J]. Decision support system, 2014, 61: 1-11.

[68] MAYADUNNE S, PARK S. An economic model to evaluate information security investment of risk-taking small and medium enterprises[J]. International journal of production economics, 2016, 182: 519-530.

[69] CAVUSOGLU H, MISHRA B, RAGHUNATHAN S. A model for evaluating IT security investments[J]. Communications of the ACM, 2004, 47(7): 87-92.

[70] CAVUSOGLU H, RAGHUNATHAN S, YUE W T. Decision-theoretic and game-theoretic approaches to IT security investment[J]. Journal of management information systems, 2008, 25(2): 281-304.

[71] LELARGE M. Coordination in network security games: a monotone comparative statics approach[J]. IEEE Journal on selected areas in communications, 2012, 30(11): 2210-2219.

[72] BANDYOPADHYAY T, JACOB V, RAGHUNATHAN S. Information security in networked supply chains: impact of network vulnerability and supply chain integration on incentives to invest[M]. Hague: Kluwer Academic Publishers, 2010.

[73] WU Y, FENG G Z, WANG N M, ET AL. Game of information security investment: Impact of attack types and network vulnerability[J]. Expert systems with applications, 2015, 42(15/16): 6132-6146.

[74] WANG Q, ZHU J M. Optimal information security investment analyses with the consideration of the benefits of investment and using evolutionary game theory[C] // 2nd International Conference on Information Management (ICIM), 2016, 46: 105-109.

[75] QIAN X F, LIU X B, PEI J, et al. A game-theoretic analysis of information security investment for multiple firms in a network[J]. Journal of operational research society, 2017, 68(10): 1290-1305.

[76] HAUSKEN K. Information sharing among firms and cyber attacks[J]. Journal of accounting & public policy, 2007, 26(6): 639-688.

[77] LIU D P, JI Y H, MOOKERJEE V. Knowledge sharing and investment decisions in information security[J]. Decision support systems, 2011, 52(1): 95-107.

[78] GAO X, ZHONG W J, MEI S. A game-theoretic analysis of information sharing and security investment for complementary firms[J]. Journal of operation research society, 2014, 65(11): 1682-1691.

[79] GAO X, ZHONG W J. A differential game approach to security investment and information sharing in a competitive environment[J]. IIE transactions, 2016, 48(6): 511-526.

第二章 企业信息安全投资理论

信息安全问题已经成为一个全球性问题,加强信息安全至关重要。当安全事件发生时,企业机密信息的泄露会给企业及其用户造成严重损失。目前,学术界已有对信息安全领域相关的各类研究,本章对企业信息安全投资决策相关概念进行了阐述,回顾信息安全及其要素,引入企业信息安全框架概念,阐述企业信息安全框架定义、内容及建设内容,阐述了企业信息资产关联性的相关内容并回顾了信息安全经济学相关理论。

2.1 概念界定

2.1.1 信息安全

信息安全可分为2个层次:狭义安全和广义安全。狭义的安全是建立在密码学基础上的计算机安全领域,早期的信息安全研究人员通常以此为基础,辅以计算机技术、通信网络技术和编程等方面的内容,包括计算机安全操作系统、各种安全协议、安全机制及安全系统等,也就是只要存在安全漏洞便可以威胁全局的安全;广义的信息安全是一门综合性学科,研究内容不仅是单纯的技术问题,而是对安全发展的延伸,是将管理、技术、法律等问题相结合的产物[1-2]。完整的信息系统一般包括信息系统所依赖的基础设施、物理环境、软硬件、数据及信息系统的使用者,信息安全即保护信息系统可以连续运转并提供可靠服务,实现信息的保密性、真实性、完整性、未授权拷贝和所寄生系统的安全性,如防范商业机密泄露、青少年浏览不良信息、个人隐私泄露等。

国际标准化组织（International Organization for Standardization，ISO）将信息安全定义为："为数据处理系统建立和采取的技术和管理的安全保护，保护计算机硬件、软件和数据不因偶然和恶意的原因而遭到破坏、更改和泄露。"因此，对于互联网环境中的信息系统，信息安全就是指：保护信息系统的硬件、软件及相关数据，使之不因为偶然或者恶意侵犯而遭受破坏、更改及泄露，保证信息系统能够连续、可靠、正常地运行。

我国信息安全专家方滨兴院士根据当前国际信息安全的发展现状，在深入分析传统信息安全定义的前提下给出信息安全四要素，即物理安全、运行安全、数据安全及内容安全[3]。

①物理安全主要表现在能量供给上，包括安全网络抗打击性、未来网络设备冗余性、容灾性、备份、网络可生存性。

②运行安全主要表现在代码攻击上，包括网络承受拒绝服务攻击、资源消耗、非授权控制、核心设备核心功能、网络路由、网络寻址服务。

③数据安全主要是面对数据攻击，包括防止网络状态被伪造、防止网络路由信息被欺骗、防止信息被泄露与被非授权扩散、身份鉴别、网络信息传输防抵赖。

④内容安全是从内部的安全来考虑，包括监测网络信息、控管网络信息、数字版权保护、局部隔离网络系统。

2.1.2　企业信息安全

本小节根据企业信息安全实际情况引入信息安全框架的概念，以此明确企业信息安全框架定义，并进一步论述企业信息安全框架的要素组成及具体内容。

建立企业信息化空间可信环境与秩序是企业信息安全的目标，既要保证系统安全和数据安全，还要对参与者的行为进行监控和管理。通过将企业内部资源和外部资源进行整合，构成企业信息安全体系，实现通过完整的信息安全框架从全方位视角对企业信息系统进行管理[3]。图 2.1 展示了一个完整的企业信息安全框架，该框架以目标为导向，体现了实现企业信息安全的过程及环节，以此确定企业信息安全建设内容。

围绕企业信息安全框架的基本要素，企业信息安全建设内容主要包括安全管理、安全运维和安全技术建设，如图 2.2 所示。

第二章　企业信息安全投资理论

图 2.1　企业信息安全框架

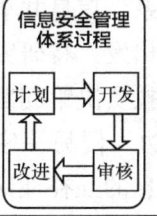

图 2.2　企业信息安全框架基本内容

①安全管理是企业业务驱动安全的出发点,通过确定战略和管理框架、定义合规和遵从,进而确定信息安全管理体系文档。该体系主要反映企业信息安全业务及目标分解,并依据 ISO 27001 的信息安全管理体系要求,采取"计划、开发、审核、改进"的闭环运转方式。

②安全运维是指在安全管理的指导下,利用安全技术来达成安全保护目标的过程,该体系反映了信息安全的系统功能,是企业信息安全目标系统化分解、系统化运行的核心,主要包括信息资产风险管理、项目建设与开发安全、日常安全运维管理、安全监控与实践响应及安全检查与审核等。

③安全技术是安全管理和安全运维的对象,其功能由各自的子系统提供保证。该体系主要反映信息安全技术方面的技术指标分解,主要包括终端安全、数据安全、应用安全、主机安全、网络安全及物理安全等。

企业信息安全是一项系统性、改造性的工程,企业信息安全框架涵盖了信息安全过程中的各个方面及各个环节,既有战略层次要素,也有管理层次、操作层次要素;既有衡量性能要素,也有衡量技术、管理要素;既有外部环境要素,也有内部要素。企业信息安全框架能够为企业信息安全建设提供一个集成的、标准的框架,能够帮助企业理解和解决企业信息技术基础架构中与安全有关的各类问题。通过该基于安全实践及相关标准的安全模型,能够帮助企业了解自身信息安全现状和需求,能够帮助企业规划未来安全建设,对企业信息安全建设及实施有一定的指导意义。

2.1.3　企业信息资产关联性

企业间相互关系根据信息资产关联性可归纳为 3 种,一是互补关系,企业群体间有业务上的往来,其信息资产是互补关系,那么企业之间具有互补性;二是替代关系,企业与企业之间是竞争的关系,其信息资产是替代关系;三是弱关联企业间的关系,不同于前 2 种企业间的强关系,信息共享平台是面对广大弱关联的企业群体。从信息资产关联性的角度出发,将研究对象分别考虑为互补企业、替代企业及弱关联企业的信息安全投资决策问题。

①互补企业之间,黑客在入侵一家企业后,需要再成功入侵另一家企业,从而获取价值。也就是说如果只有一家企业被入侵,信息的互补性保证了黑客不会获得任何收益,企业也不会遭受损失。

②如果黑客在成功入侵第一家企业之后,入侵第二家企业的增量收益低

于黑客的成本，那么属于2家企业的信息资产是可以替代的。替代企业之间，一旦成功入侵其中一家企业，并获得了企业的信息资产，黑客就会停止攻击。另外，若黑客攻击第一家企业失败后，将会导致黑客试图攻击第二家企业。

③弱关联企业主要是指参与信息共享平台的企业，不同于强关联关系中的互补企业与替代企业，这类企业在信息安全投资决策方面具有弱关联关系。

2.2 信息安全经济学相关理论

随着网络与电子商务的发展，逐渐形成了新的信息安全问题，而信息安全经济学则是为解决此类问题形成的新型经济学分支。信息安全经济学从信息安全技术层面相关内容转向数字服务产品及结合相关政策和法律的综合性管理研究，逐渐形成了将信息安全作为整体考虑的宏观经济研究，是以电子商务中信息安全市场为研究对象形成的新型经济学学科[4-5]。可将其定义为：信息安全经济学考虑了各种经济因素和社会因素，通过运用经济学和管理学相关理论，为管理者在信息安全投资方面提出合理的管理策略。其主要目的是通过分析信息安全投资决策的影响因素，为企业制定有效的信息安全投资策略，从而提高企业的信息安全水平，降低期望成本。在研究方法上，信息安全经济学依然使用传统的微观经济学和宏观经济学方法，并与计算机科学、人工智能方法有机地联系和结合。

本书研究以信息安全经济学相关理论为基础，结合博弈论、最优化理论、决策理论和协同理论等知识，对考虑信息资产关联性企业信息安全投资决策模型进行研究。企业提高安全性的直接途径是增加信息安全方面的投资。例如，企业可通过投资安全技术来增强信息安全，如杀毒软件、防火墙、复杂的加密技术、入侵检测系统和其他软硬件设备[6-9]等。这类投资必须在投资成本与投资带来的信息安全水平提升之间进行谨慎权衡后进行。

2.2.1 博弈论

在经济学文献中对博弈论最早的研究是 Cournot（1838）、Bertrand

(1883)及 Edgeworth(1925)关于垄断定价和生产的论文,但都是一些特例没有被广泛应用,直到 Neumann 和 Morgenstern 引入通用的博弈思想[10-11]。他们介绍了博弈的扩展式和策略式的表示法并定义了最小最大解,证明了这个解在所有双人零和博弈中的存在。后来,由 Nash 提出"纳什均衡"的概念[12-13],将其作为博弈论的分析扩展到了非零和博弈,要求每个参与人的策略是对手策略的最大化反应。

近年来,基于博弈论的信息安全投资研究层出不穷[14]。Gal-or 等[15]提出了一个博弈模型,分析了信息技术投资与信息共享的关系。研究发现,在企业间产品替代程度较高的情况下,信息共享具有更大的价值。Cavusoglu 等[16]基于博弈论,给出了攻击防御博弈情况下各种信息安全措施的安全投资策略,然后让管理者分析这些不同安全投资水平的收益。Cremonini 等[17]研究了黑客与企业之间的博弈,发现当企业的投资成本可以被黑客替代时,优秀的保护信号可以作为目标保护良好的威慑工具。Hausken 等[18]基于博弈论研究了2个企业的信息共享和安全投资,发现信息系统同时被黑客攻击会给两家企业带来损失。

2.2.2 最优化理论

最优化理论是关于系统的最优设计、最优控制、最优管理问题的理论与方法[19-20]。最优化,就是在一定的约束条件下,选取某种研究方案使目标达到最优的一种方法,是从众多可能的选择中作出最优选择,使系统的目标函数在约束条件下达到最大或最小[21]。最优化问题在当今的军事、工程、管理等领域有着极其广泛的应用。

最优化问题的共同特点是:求满足一定条件的变量 x_n,使某函数 $f(x_n)$ 取得最大值或者最小值。由于 $f(x_n)$ 的最大问题可以转化为 $-f(x_n)$ 的最小问题,所以较多时候只讨论最小问题。这里的函数 $f(x_n)$ 称为目标函数或者评价函数;变量 x_n 称为决策变量;需要满足的条件称为约束条件;用以构成约束条件的函数称为约束函数。

2.2.3 协同理论

协同理论最早是由德国物理学家 Haken 于1971年提出,其研究内容是当开放系统远离平衡状态,与外界存在物质进行能量交换时,通过内部协同作用,在时间、空间和功能上能够呈现出有序的结构规律[22]。协同是指事物或系统打破资源之间的壁垒和边界,将各种内部要素有机结合,实现相互合作并使整体效益目标最大化的过程。

卢珊等[23]基于协同理论构建了创业投资机构与科技型中小企业的演化博弈模型,并对其关键影响因素进行分析,解释了系统协同合作的复杂性。魏海燕等[24]基于协同理论构建了高校的科研评价体系,李冬等[25]基于协同理论研究了政府投资项目跟踪审计模式。可以看出协同理论主要研究不平衡开放系统中的自组织和有序结构的形成,而协同理论的研究对象主要是具有复杂系统且系统内部存在非线性作用。从这个角度出发,企业信息安全投资作为一个复杂系统具备了协同理论的研究条件。协同效应主要强调整体收益大于各子系统的收益之和,又由于信息安全投资各子企业之间存在互相作用的关系,那么片面地强调某一企业的收益会对整体收益产生消极的影响,因此必须需要综合分析各企业之间的协同关系。

2.2.4 成本收益理论

组织的信息安全系统并不存在绝对的安全,而信息安全系统安全标准如果超过信息安全的要求反而会导致成本的浪费。不同的企业对于信息安全的要求不同,信息安全系统的安全标准要根据企业信息的安全需求而定。对于企业管理人员,需要权衡安全、成本和收益之间的关系:信息安全标准越高,整个信息安全系统的安全成本也就越高,而使用效率则越低[26-29]。企业管理人员在对企业的信息安全活动成本和收益进行分析决策时,一般可使用 2 种经济学模型:理想数学模型和净现值模型。

2.2.4.1 理想数学模型

一般来说,对企业信息安全进行保护的措施有:保护被授权用户的正常访问权;保护信息不被未授权的用户访问;保护信息的完整性及检测信息安全破坏事件并对其进行恢复。信息安全的收益直接与采取信息安全保护措施所带来的成本节约有关,信息安全的成本就是上述 4 项信息安全保护措施在实施过程中所带来的成本。

如果在发生信息安全破坏事件前采取相应的保护措施,对信息安全投资的收益（R）和成本（C）进行评估。假设在信息安全投资中可用一个标准（B）衡量，那么最终的目标是使净收益（E）达到最大值。假设信息安全投资的 R 以递减的比率增加，C 初始以递减比率增加，并随着信息安全标准的提高以递增比率增加，同时假设如果对信息安全标准做出决策，会给企业带来固定成本（如软件费用，人工费等）。如图 2.3 所示，收益和成本之间最大差值的点是 B^*，在发生信息安全事故之前的目标就是在信息安全投资中能够使净收益达到最大值，即 B^* 就是使函数 $E(B) = R(B) - C(B)$ 取得最大值的变量值，就是

$$\frac{dE}{dB} = \frac{dR}{dB} - \frac{dC}{dB} = 0,$$

也就是

$$\frac{dR}{dB} = \frac{dC}{dB},$$

即

边际收益＝边际成本。

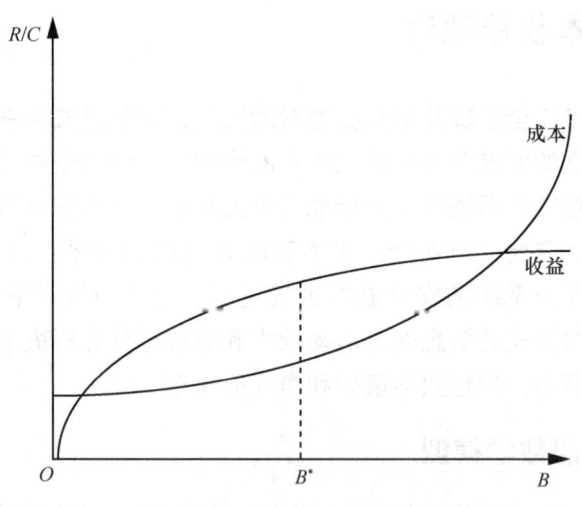

图 2.3　企业信息安全的收益及成本

以上情况是从收益最大化的角度考虑，另一个角度是从成本最小化的角度出发，目标是使信息安全事件给企业造成的投资成本最小化，即把信息安全投资获得的收益看作不进行信息安全活动时的成本。还可考虑出现信息安全事故的可能性，并推算在某种信息安全标准下，事件出现的可能性，并得

出最佳信息安全标准。

2.2.4.2 净现值模型

净现值（Net Present Value，NPV）是在进行项目投资时，产生的未来现金流的折现值与投资成本之差[30-32]。2.2.4.1 小节讨论的理想数学模型不论是在收益最大化还是成本最小化的情况下，都是在发生事故前采取措施，并根据不同信息安全水平做出优化。实际上这只是种理想情况，是非常少见的。因此，一般企业通常假设有一部分信息安全资源正被项目使用。该模型由资金时间价值，可增强投资经济性的评价；由全过程的净现金流量，可体现流动性与收益性的统一；考虑了投资风险，风险小可采用低折现率，风险大可采用高折现率。

假设已采用某种信息安全标准（如防火墙及入侵检测系统），那么有

$$NPV = \sum_{t=1}^{n} \frac{Rt - Ct}{(1 + K)t}, \quad (2-1)$$

其中，K 为折现率，t 为时间周期，n 为时间周期数量。该净现值模型可用于评估附加的信息安全投资。该模型可对接受或拒绝费用不断增加的信息安全投资作出相应的决策。规则如下：

(i) 若 $NPV > 0$，则接受附加的信息安全投资措施；

(ii) 若 $NPV < 0$，则拒绝附加的信息安全投资措施；

(iii) 若 $NPV = 0$，则接受或拒绝都影响不大。

该模型能够明确考虑到与收益及成本相关的风险，上述公式中的折现率 K 是考虑了与收益及成本相关风险并做出了相应的调整，而理想数学模型中则没有考虑到收益及成本相关的风险。

参考文献

[1] WHITMAN M E, MATTORD H J. Principles of information security[M]. Boston: Course Technology Press, 2003.

[2] 周学广. 信息安全学[M]. 2版. 北京: 机械工业出版社, 2008.

[3] 雷万云. 信息安全保卫战: 企业信息安全建设策略与实践[M]. 北京: 清华大学出版社, 2013.

[4] ANDERSON R, MOORE T. The economics of information security[J]. Science, 2006, 314(5799): 610-613.

[5] GREENSTEIN S. The economics of information security and privacy[J]. Journal of economic literature, 2013, 52(4): 15-31.

[6] HAMILL J T, DECKRO R F, JR J M K. Evaluating information assurance strategies[J]. Decision support system, 2005, 39(3): 463-484.

[7] BEATTY A, CHAMBERLAIN S, MAGLIOLO J. An empirical analysis of the economic implications of fair value accounting for investment securities[J]. Journal of accounting & economics, 1995, 22(1/2/3): 43-77.

[8] YUE W T, ÇAKANYLDRN M, RYU Y U, et al. Network externalities, layered protection and IT security risk management[J]. Decision Support System, 2008, 44(1): 1-16.

[9] ÇAKANYLDRM M, YUE W T, RYU Y U. The management of intrusion detection: configuration, inspection, and investment[J]. European journal of operational research, 2009, 195(1): 186-204.

[10] NEUMANN J V. Zur theorie der gesellschaftsspiele[J]. Mathematische annalen, 1928, 100(1): 295-320.

[11] NEUMANN J V, MORGENSTERN O. The theory of games and economic behaviour[M]. Princeton: Princeton University Press, 1944.

[12] NASH J F. Equilibrium points in n-person games[J]. Proceedings of the national academy of sciences, 1950, 36: 48-49.

[13] NASH J. Non-cooperative games[J]. Annals of mathematics, 1951, 54(2): 286-295.

[14] FUDENBERG D, TIROLE J. Game theory[M]. Cambridge: MIT press, 1993.

[15] GAL-OR E, GHOSE A. The economic incentives for sharing security information[J]. Information systems research, 2005, 16(2): 186-208.

[16] CAVUSOGLU H, RAGHUNATHAN S, YUE W T. Decision-theoretic and game-theoretic

approaches to IT security investment[J]. Journal of management information systems, 2008, 25(2): 281-304.

[17] CREMONINI M, NIZOVTSEV D. Risks and benefits of signaling information system characteristics to strategic attackers[J]. Journal of management information systems, 2009, 26(3): 241-274.

[18] HAUSKEN K. Information sharing among firms and cyber attacks[J]. Journal of accounting & public policy, 2007, 26(6): 639-688.

[19] PIERRE D A. Optimization theory with applications[M]. Dover: Dover Publications, Inc., 1969.

[20] LASDON L S. Optimization theory for large systems[J]. IEEE transactions on automatic control, 1970, 17(2): 277-278.

[21] SUN W Y, YUAN Y X. Optimization theory and methods[J]. Berlin: Springer Verlag, 2006.

[22] 哈肯. 高等协同学[M]. 郭治安, 译. 北京: 科学出版社, 1989.

[23] 卢珊, 赵黎明. 基于协同理论的创业投资机构与科技型中小企业演化博弈分析[J]. 科学学与科学技术管理, 2011, 32(7): 120-123.

[24] 魏海燕, 李晗. 基于协同理论视角的高校科研评价体系构建[J]. 科技进步与对策, 2012, 29(22): 148-150.

[25] 李冬, 王要武, 宋晖, 等. 基于协同理论的政府投资项目跟踪审计模式[J]. 系统工程理论与实践, 2013, 33(2): 405-412.

[26] DRZE J, STERN N. The theory of cost-benefit analysis[J]. Handbook of public economics, 1987, 2(6): 909-989.

[27] KALISKY T, DEKEL E, ALON U. Cost-benefit theory and optimal design of gene regulation functions[J]. Physical biology, 2007, 4(4): 229-245.

[28] LEVIN H M. Cost-benefit analysis: theory and application[J]. Evaluation & program planning, 1997, 20: 54-69.

[29] MUSGRAVE R A. Cost-benefit analysis and the theory of public finance[J]. Journal of economic literature, 1969, 7(3): 797-806.

[30] HADLEY G. A comparison of order quantities computed using the average annual cost and the discounted cost[J]. Management science, 1964, 10(3): 472-476.

[31] 杨涛, 魏轶华. 考虑成本和收益净现值的确定性存储决策模型研究[J]. 管理工程学报, 2008, 22(1): 93-97.

[32] SUN D, QUEYRANNE M. Production and inventory model using net present value[M]. Operations research: the journal of the operations research society of America, 2002, 50(3): 528-537.

第三章　企业信息安全投资决策影响因素

分析企业信息安全投资决策影响因素是研究关联企业信息安全投资决策问题的前提，通过分析及总结以往的研究经验，对影响企业信息安全投资决策的因素进行分类归纳分析，能够为建立企业间信息安全投资决策模型提供前期的研究准备。本章分析了影响企业信息安全投资决策的因素，并对影响因素关系进行结构分析，对正确理解企业间信息安全投资决策问题的形成、模型建立及演化机制具有制论价值与参考作用。企业提高安全性的直接途径是增加对信息安全方面的投资，如企业可以通过投资杀毒软件、防火墙、加密技术、入侵检测系统及其他硬件设备等安全技术来增强信息安全[1-3]，而这种投资必须在投资额与期望成本的增加之间谨慎权衡后进行，企业还可采取与其他企业合作来提高信息安全水平等安全行为。通过总结以往的研究经验，分类归纳并分析企业信息安全投资决策的影响因素，并构建解释结构模型，为建立企业间信息安全投资决策模型提供前期的研究准备。

3.1　影响企业信息安全投资决策的因素识别

信息安全投资问题是现代企业管理中的难题，根据互联网数据中心（Internet Data Center，IDC）对我国企业的调查显示，对于以电子商务行业为首的网络应用企业和通信行业，企业在信息安全方面的投入所占比重最大，其中内部因素的占有率高达85%，外部因素比重为15%[4]。因此，影响企业信息安全投资决策的因素主要有企业内部及企业外部2个方面的影响因素。

3.1.1 确定备选影响因素

在确定企业信息安全投资决策备选影响因素时，首先从 Web of Science 及知网中选取了若干篇影响力较高的中英文文献，如果有多位学者认为其中一个影响因素在企业信息安全投资决策中发挥作用，则将该影响因素纳入影响因素集。通过在以往研究成果及咨询专家的基础上，企业信息安全投资决策的影响因素可分为内部因素和外部因素，内部因素主要包括企业间信息资产相关性、企业组织结构、企业信息安全行为、企业信息安全技术水平、企业信任倾向和人员安全；外部因素包括信息安全法律法规、国家政策、企业文化环境、行业信息安全状况、外部服务商的安全技术水平、黑客行为和客户反馈[5-15]。其次，利用德尔菲法循环评估备选的影响因素，以此来确定入选的影响企业信息安全投资决策的因素。

3.1.2 运用德尔菲法构建影响因素的指标体系

本小节通过德尔菲法来识别企业信息安全投资决策的影响因素。

第一，建立企业信息安全投资决策影响因素重要程度的评语集。评语集区间可表达为 $X = \{X_1, X_2, X_3\} = \{1, 0.5, 0\}$，其中，1，0.5，0 分别代表非常重要，重要，一般。

第二，由相关领域专家进行评价。本次德尔菲专家组中共有 35 名专家，其中信息安全专业教授 6 名、副教授 5 名、讲师 3 名；管理科学与工程专业教授 7 名、讲师 5 名；其余 9 名由信息安全行业协会负责人及企业高管组成。专家组通过填写"企业信息安全投资决策影响指标的德尔菲法调查问卷"，评价备选的 13 个影响因素，并对其重要性程度进行排序。

第三，处理评价结果数据。如表 3.1 所示，通过汇总 35 位专家对各个备选影响因素的相关评语集，能够得到各备选因素的评价结果。评价公式[16]如下：

$$Y_i = \sum_{j=1}^{3} \frac{N_{ij} X_j}{M}, \quad (3-1)$$

其中，Y_i 表示第 i 个影响因素的重要性程度，$i = 1, 2, \cdots, 10$；N_{ij} 表示影响因素 i 选择评价值 j 的专家数；X_j 表示评价值 j 的权重；M 表示专家数。

第四，根据评价值对影响因素进行筛选。根据各备选因素的重要性程度评价值，对影响因素进行筛选，当 $Y_i < 0.5$ 时，排除该备选因素，最后能够确定显著影响企业信息安全投资决策的因素，如表 3.1 所示，企业信任倾向和企业文化环境被排除。

表 3.1 企业信息安全投资决策影响因素评价汇总表内容

备选影响因素	专家人数			影响因素评价值	入选结果
	非常重要	重要	一般		
企业间信息资产关联性	20	12	3	0.74	入选
企业组织架构	17	15	3	0.70	入选
企业信息安全行为	25	10	0	0.86	入选
企业信息安全技术水平	30	5	0	0.93	入选
企业信任倾向	2	7	26	0.16	被排除
人员安全	8	20	6	0.51	入选
信息安全法律法规	20	15	0	0.79	入选
国家政策	20	15	0	0.79	入选
企业文化环境	5	5	25	0.21	被排除
行业信息安全状况	7	21	7	0.50	入选
外部服务商的安全技术水平	10	19	6	0.56	入选
黑客行为	21	14	0	0.80	入选
客户反馈	10	18	7	0.54	入选

通过上述方法，经专家几次反复征询和反馈，最终归纳了企业间信息资产关联性、企业组织架构、企业信息安全行为、企业信息安全技术水平、企业信任倾向、人员安全等 11 种因素，各因素的理论描述及文献来源如表 3.2 所示。

表 3.2 企业信息安全投资决策影响因素集

影响因素	理论描述	文献来源
企业间信息资产关联性	企业之间信息资产的相互关系。	Liu 等[8]（2011）、Gao 等[9]（2014）、Wu 等[10]（2017）

续表

影响因素	理论描述	文献来源
企业组织架构	企业各部门在流程操作、部门安排、职能分类等方面的安排与组合	赵伯琪[11]（2013）、Dor 等[5]（2016）
企业信息安全行为	企业在未发生或发生信息安全事件时采取的措施	Liu 等[8]（2011）、Gao 等[6]（2015）
企业信息安全技术水平	企业通过采购及引进先进的软硬件设备等措施，以此提高企业的信息安全水平	Liu 等[8]（2011）、Gao 等[6]（2015）
人员安全	与企业核心业务有直接关联的人员培训水平、技术能力水平、操作水平、信息安全意识、企业管理制度及岗位安全职责等	赵伯琪[11]（2013）、Wu 等[10]（2017）
信息安全法律法规	针对我国企业信息安全现状，由国家制定或认可并由国家强制力保证实施的具有法律效力的文件	Liu 等[8]（2011）、Gao 等[9]（2014）、Wu 等[10]（2017）
国家政策	国家层面的有关组织对国内企业所制定的信息安全体系的行动指导原则与准则	Liu 等[8]（2011）、Gao 等[9]（2014）、Wu 等[10]（2017）
行业信息安全状况	行业信息安全状况反映了行业整体的信息安全水平	赵伯琪[11]（2013）、Wu 等[10]（2017）
外部服务商的安全技术水平	外部服务商为企业提供信息安全服务的技术水平	Hui 等[13]（2012）、Wu 等[10]（2017）
黑客行为	黑客采取技术手段，找到系统漏洞并入侵的行为	Mookerjee 等[14]（2011）、Hua 等[15]（2013）、Mayadunne 等[7]（2016）
客户反馈	客户根据企业的信息安全水平决定是否要体验或购买企业产品的行为	赵伯琪[11]（2013）、Wu 等[10]（2017）

3.1.3 企业内部信息安全投资决策影响因素分析

根据 IDC 的数据可以看出，企业间信息资产关联性、企业组织架构、企业信息安全行为、企业信息安全技术水平、人员安全等内部因素是企业信息安全投资决策主要的影响因素。企业间信息资产关联性主要有强关联关系和弱关联关系，强关联关系包括互补性及替代性，弱关联关系则是基于信息共享平台的企业。如果 2 家企业的联合信息资产具有显著的价值，而一家企业的信息资产对黑客来说价值很小,那么这2家企业间的信息资产就是互补的。如果黑客在成功入侵第1家企业后,入侵第2家企业的增量收益低于黑客的成本,那么2家企业的信息资产是可替代的。不同于前2种的强关联关系,基于信息共享平台企业间是一种弱关联关系。

企业组织架构是指各部门在流程运作、部门安排、职能分类等方面的安排和组合。合理高效的组织结构可以缩短企业的应急响应时间,提高企业的应急响应效率。线性或扁平化的组织结构更有利于信息的传播和实施。当突发事件发生时,可以有效地传输信息,降低信息的损失率。

企业信息安全行为是指企业在信息安全事件未发生或发生时采取的措施。企业通常会设立独立的信息安全部门,对内部信息安全数据进行统一管理和分析,通过采取相应措施能够有效减少和预防重复性信息安全事故的发生率。企业也可通过与信息安全外包商合作或与其他企业进行信息安全共享来提高企业的信息安全水平。

企业信息安全技术水平是指通过采购及引进各种先进的软硬件设备等来提高企业信息安全水平。目前,我国企业所采取的信息安全技术措施包括防火墙、杀毒技术、IDS、数据加密和访问控制等。

人员安全是指与企业核心业务有直接关联的人员培训水平、技术能力水平、操作水平、信息安全意识、企业管理制度及岗位安全职责等。由于企业信息安全的情况很大程度上取决于能否对员工进行有效、规范的管理,因此需要从多角度考虑人员安全因素对企业信息安全投资决策的影响。

3.1.4 企业外部信息安全投资决策影响因素分析

企业信息安全投资决策的参与方主要包括企业、社会规划者、外部服务商、黑客及用户。企业通过制定信息安全策略保护其系统不受攻击,是企业内部影响因素。其他外部因素主要来自除企业外的参与方,社会规划者如政府机构和行业协会会制定相关政策和成立相关机构来提高社会信息安全水平,如2002年美国政府通过的萨班斯-奥克斯利法案强制要求企业定期报告包括信息安全投资在内的财务状况;外部服务商主要用企业提供专业的信息安全服务同时获取一定的利益;黑客通过对其企业信息系统进行入侵来获取金钱和商业机密;客户对存储在企业信息系统中的个人信息非常敏感,那么企业的信息安全水平会影响客户的购买行为。

信息安全法律法规主要指针对我国企业信息安全现状,由国家制定或认可并由国家强制力保证实施的具有法律效力的文件。我国政府已经制定了相关的法律法规、信息安全标准和其他文件,以此来指导我国企业按照标准的信息安全管理规定,指导企业制定适当的信息安全策略,并创建一个良好的企业信息系统安全运行环境的行为规范体系。

国家政策是指国家层面的有关组织为国内企业制定的信息安全体系的运行指导原则与方针。通过制定政策,以确定行动的目的、方针和措施从而提升我国企业的整体信息安全水平。

行业信息安全状况反映了行业整体信息安全水平。行业整体信息安全水平决定了单独企业的信息安全投资决策,为满足行业内信息安全标准,企业需要提高自身的信息安全水平。若行业整体信息安全状况低下,同样会影响单独企业提高自身信息安全水平的动力。

黑客行为是指黑客采取技术手段,找到系统漏洞并入侵的行为。黑客的攻击手段有两种,分别是非破坏性和破坏性攻击。非破坏性攻击是为了扰乱系统运行的攻击,一般情况下不会盗窃系统的信息资料;破坏性攻击是以侵入他人计算机系统、窃取系统机密信息、破坏目标系统数据为目的的攻击。

客户反馈是指客户根据企业的信息安全水平决定是否要体验或购买企业产品的行为。如果企业信息安全水平低下,客户的反馈信息也会促使企业通过一定措施来提高其自身的信息安全水平。

3.2 影响企业信息安全投资因素的关系结构分析

3.2.1 企业信息安全投资影响因素的界定

企业信息安全投资决策是一个由多种影响因素组成的复杂系统,而这些因素之间会相互关联且能够相互作用,从而形成一个关系结构复杂的因素链。解释结构模型(Interpretive Structural Model,ISM)以定性分析为主,能够将复杂的系统转化为直观的具有良好结构的多级递阶结构关系模型,是社会经济系统中广泛应用的一种分析方法。该模型可用于分析企业信息安全投资决策的影响因素关系结构,试图从多个因素影响和复杂的因素链来分析因素之间的关系，从而分析关于企业信息安全投资决策的直接、间接及深层次的根本因素。

由 3.1.2 小节中选定的 11 个主要因素，可以将建立解释结构模型的因素分别设定为：企业间信息资产关联性 S_1，企业组织架构 S_2，企业信息安全行为 S_3，企业信息安全技术水平 S_4，人员安全 S_5，信息安全法律法规 S_6，国家政策 S_7，行业信息安全状况 S_8，外部服务商的安全技术水平 S_9，黑客行为 S_{10}，客户反馈 S_{11}。

3.2.2 确定各影响因素相互关系

为了建立解释结构模型，根据企业信息安全投资决策影响因素的分析，通过征求相关领域的专家意见，进而确定影响因素之间的逻辑关系，并建立影响因素的邻接矩阵。邻接矩阵就是描述企业信息安全投资各影响因素之间的直接关系。由解释结构模型的要求可知，对于含有 n 个因素的系统 $S = S_1, S_2, \cdots, S_n$，则有

$$a_{ij} = \begin{cases} 1, & \text{当 } S_i \text{ 对 } S_j \text{ 有关系时，即 } S_i R S_j, \\ 0, & \text{当 } S_i \text{ 对 } S_j \text{ 没有关系时，即 } S_i \bar{R} S_j, \end{cases}$$

其中，S_i，S_j 代表第 i 个和第 j 个因素；R 代表 S_i 与 S_j 有直接关系；$\bar{R}$ 代表 S_i 与 S_j 之间没有直接关系。若第 i 行与第 j 列的因素之间有关系，则 a_{ij} 的值为 1；若第 i 行与第 j 列的因素之间没有关系，那么 a_{ij} 的值为 0。在此基础上，通过对影响企业信息安全投资决策因素间相互关系的分析，可建立邻接矩阵 A 如下。

$$A = \begin{bmatrix} 0 & 0 & 1 & 0 & 0 & 0 & 1 & 0 & 0 & 1 & 0 \\ 0 & 0 & 1 & 0 & 0 & 0 & 0 & 0 & 0 & 0 & 0 \\ 0 & 0 & 0 & 1 & 0 & 0 & 1 & 1 & 0 & 1 & 1 \\ 0 & 0 & 1 & 0 & 0 & 0 & 0 & 1 & 1 & 1 & 1 \\ 0 & 1 & 0 & 0 & 0 & 1 & 1 & 1 & 0 & 1 & 0 \\ 0 & 0 & 1 & 0 & 1 & 0 & 1 & 1 & 0 & 1 & 0 \\ 0 & 0 & 1 & 0 & 1 & 0 & 0 & 1 & 0 & 0 & 0 \\ 0 & 0 & 1 & 1 & 0 & 0 & 0 & 0 & 0 & 1 & 0 \\ 0 & 0 & 1 & 1 & 0 & 0 & 1 & 0 & 0 & 0 & 0 \\ 0 & 0 & 1 & 1 & 0 & 0 & 0 & 1 & 1 & 0 & 1 \\ 0 & 0 & 1 & 1 & 0 & 0 & 0 & 0 & 0 & 1 & 0 & 0 \end{bmatrix}$$

3.2.3 关系划分及递阶有向图的构建

基于企业信息安全投资决策系统邻接矩阵 A，通过布尔代数运算的幂运算得到可达矩阵 R，布尔矩阵的运算规则为：$0+0=0, 0+1=1, 1+0=1, 1+1=1, 0\times 0=0, 0\times 1=0, 1\times 1=1$。直至式 $(A+I)^{n+1}=(A+I)^n\neq \cdots \neq (A+I)^2 \neq (A+I)$ 为止，通过计算可知，当 $n=3$ 时上式成立，同时得到企业信息安全投资系统可达矩阵 $R=(A+I)^3$，它表示从企业信息安全投资系统一个因素到另外一个因素是否存在联系的通道，可得可达矩阵 R：

$$R = \begin{bmatrix} & S_1 & S_2 & S_3 & S_4 & S_5 & S_6 & S_7 & S_8 & S_9 & S_{10} & S_{11} \\ S_1 & 1 & 0 & 1 & 1 & 0 & 0 & 0 & 0 & 0 & 1 & 1 \\ S_2 & 0 & 1 & 1 & 1 & 0 & 0 & 0 & 1 & 1 & 1 & 1 \\ S_3 & 0 & 0 & 1 & 1 & 0 & 0 & 0 & 0 & 0 & 0 & 0 \\ S_4 & 0 & 0 & 1 & 1 & 1 & 0 & 1 & 1 & 0 & 1 & 0 \\ S_5 & 0 & 0 & 1 & 1 & 1 & 0 & 1 & 0 & 1 & 0 & 0 \\ S_6 & 0 & 1 & 1 & 1 & 1 & 1 & 1 & 1 & 1 & 1 & 1 \\ S_7 & 0 & 1 & 1 & 1 & 1 & 0 & 1 & 1 & 0 & 0 & 0 \\ S_8 & 0 & 0 & 1 & 1 & 0 & 0 & 1 & 0 & 1 & 0 & 0 \\ S_9 & 0 & 1 & 1 & 1 & 0 & 0 & 1 & 1 & 1 & 1 & 0 \\ S_{10} & 0 & 0 & 1 & 0 & 0 & 0 & 0 & 0 & 0 & 1 & 0 \\ S_{11} & 0 & 0 & 1 & 1 & 0 & 1 & 1 & 0 & 0 & 1 & 1 \end{bmatrix}$$

根据得到的可达矩阵，可对其进行层间分解。层间分解能够将矩阵中的元素划分为不同层级，并建立各元素之间的关系，进而建立解释结构模型。首先定义要素 S_i 的可达集 $R(S_i)$ 和先行集 $A(S_i)$，其中可达集 $R(S_i)$ 是由可达矩阵中第 S_i 行值为 1 的列对应的要素集合；先行集 $A(S_i)$ 是由可达矩阵中第 S_i 列中值为 1 的行对应的要素集合。然后定义共同集 $C(S_i)$，共同集 $C(S_i)$ 是 S_i 可达集和先行集的交集，也就是 $C(S_i)=R(S_i)\cap A(S_i)$。当满足 $R(S_i)\cap A(S_i)=R(S_i)$ 或者 $C(S_i)=R(S_i)$ 的条件时，可以进行层级的抽取。第一层级数据如表 3.3 所示。

表 3.3　企业信息安全投资决策影响因素的第一层级数据

S_i	$R(S_i)$	$A(S_i)$	$R(S_i) \cap A(S_i)$
1	1, 3, 4, 10, 11	1	1
2	2, 3, 4, 8, 9, 10, 11	2, 6, 7, 9	2, 9
3	3, 4	1, 2, 3, 4, 5, 6, 7, 8, 9, 10, 11	3, 4
4	3, 4, 5, 7, 8, 9, 10	1, 2, 3, 4, 5, 6, 7, 9, 10, 11	3, 4, 5, 7, 8, 9, 10
5	3, 4, 5, 8, 10	4, 5, 6, 7, 8	4, 5, 8
6	2, 3, 4, 5, 6, 7, 8, 9, 10, 11	6, 11	6, 11
7	2, 3, 4, 5, 7, 8, 9	4, 6, 7, 11	4, 7
8	3, 4, 8, 10, 11	2, 4, 5, 6, 7, 8, 9	4, 8
9	2, 3, 4, 8, 9, 10	2, 4, 6, 7, 9	2, 4, 9
10	3, 4, 10	1, 2, 5, 6, 8, 9, 10, 11	10
11	3, 4, 11	1, 2, 6, 11	11

从表 3.3 的数据可以看出,第一级是可达集和先行集满足 $R(S_i) \cap A(S_i) = R(S_i)$ 的集合,由此可以得到影响企业信息安全投资决策的第一层因素 $L_1 = \{3, 4\}$。由此可得企业信息安全行为及企业信息安全技术水平是直接影响企业信息安全投资决策的原因。基于此可划掉可达矩阵中第 3 行与第 3 列及第 4 行与第 4 列,然后找出第二级的可达集和先行集,得出共同集后可确定企业信息安全投资决策的第二层影响因素 $L_2 = \{10, 11\}$。以此方法类推,可以得到其他层级的因素,第三层因素 $L_3 = \{1, 8\}$,第四层因素 $L_4 = \{2, 5, 9\}$,第五层因素 $L_5 = \{6, 7\}$。如图 3.1 反映了企业信息安全投资决策影响因素的解释结构模型。按层次对各影响因素之间的关系进行分析及排序,能够建立企业信息安全投资决策影响因素的解释性结构模型。

第三章　企业信息安全投资决策影响因素

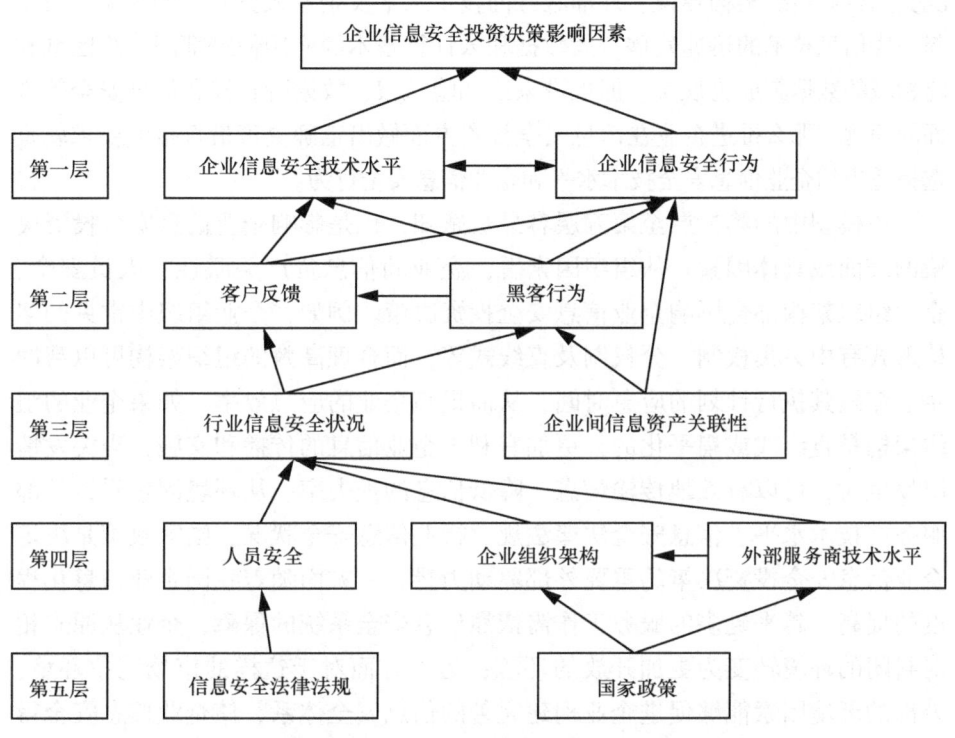

图 3.1　企业信息安全投资决策影响因素的解释结构模型

3.2.4　企业信息安全投资决策影响因素的层级关系分析

由图 3.1 可知，企业信息安全投资决策影响因素解释结构模型是一个具有 5 级的多级递阶结构。根据模型的逻辑结构可知影响企业信息安全投资决策的最直接原因是企业信息安全技术水平和企业信息安全行为问题，而其他因素是一些具体层面或者表层的原因，信息安全法律法规和国家政策是影响企业信息安全投资决策的深层次原因，它对企业信息安全投资决策的影响是基础性的、深远的。

全球范围内的数据开放实践表明，提高企业信息安全技术水平及选择适当的信息安全行为是企业提高信息安全水平的通常做法。因此，企业信息安全投资决策的表面是黑客行为与企业信息安全行为博弈的结果，同时企业信息安全投资行为及黑客行为也会受到企业间信息资产关联性的影响，行业信息安全状况受到企业组织架构建设、外部服务商技术水平及企业人员安全的影响。由于新一代信息技术的迅速发展，大数据和云计算技术的应用使跨部门、跨区域和跨领域的数据集成为现实，但也带来诸如隐私权、数据所有权和信息安全等方面的问题，那么推进企业在信息安全投资方面做出正确决策最直接的要求就是选择适当的企业信息安全技术水平和企业信息安全行为。

该模型中的第二层至第五层容易被感知，也是影响企业信息安全投资决策的表面或具体因素。从组织因素看，企业间信息资产关联性、人员安全、企业组织架构都会影响企业信息安全投资决策。例如，企业组织中常见的架构形式有中央集权制、分权制及直线式等，而合理高效的组织架构可以帮助企业缩短其执行计划的应急时间，从而提高企业的应急效率。如果企业的组织架构是直线式或扁平化的，更加有利于企业信息的传播和实施，当突发情况发生时，可以有效地传输信息，降低信息的损失率。从环境因素看，外部服务商技术水平、信息安全法律法规、行业信息安全状况、国家政策是决定企业信息安全投资决策的重要外部驱动力量，一方面随着我国企业信息化程度的提高，越来越多的服务工作需依靠信息安全系统的保障，企业从原来相对封闭的环境转变为更加开放的环境；另一方面对于这样的市场竞争环境，外部的环境因素能够促进企业构建完善的信息安全体系，使企业信息安全得到有效保护。此外，技术因素层面的黑客行为与客户反馈问题，决定着国家和地区的信息安全战略目标和政策支持上必须采取更加谨慎的态度，以规避数据泄露带来的风险。

由企业信息安全投资决策影响因素的解释结构模型可以看出，企业间信息资产关联性是影响黑客行为及企业信息安全行为的直接因素，是影响企业信息安全投资决策的根本因素。分析企业信息安全投资决策影响因素是研究关联企业信息安全投资决策问题的前提，通过分析及总结以往的研究经验，对影响企业信息安全投资决策的因素进行分类归纳分析，并构建解释结构模型，能够为后续建立企业间信息安全投资决策模型提供前期的研究准备。

本章首先对影响企业信息安全投资决策的因素进行识别，运用德尔菲法构建影响企业信息安全投资决策的因素指标体系；然后构建企业信息安全投资决策影响因素的解释结构模型，通过解释结构模型分析企业信息安全投资决策的主要影响因素，确定各因素相互关系，对其进行关系划分及递阶有向图的构建，并对影响因素关系进行结构分析，对正确理解企业间信息安全投资决策问题的形成、模型建立及演化机制具有理论价值与参考作用。

参考文献

[1] YYUE W T, ÇAKANYLDRN M, RYU Y U, et al. Network externalities, layered protection and IT security risk management[J]. Decision Support System, 2008, 44(1): 1-16.

[2] CAVUSOGLU H, RAGHUNATHAN S, CAVUSOGLU H. Configuration of and interaction between information security technologies: the case of firewalls and intrusion detection systems[J]. Information system research, 2009, 20(2): 198-217.

[3] HAUSKEN K. Returns to information security investment: the effect of alternative information security breach functions on optimal investment and sensitivity to vulnerability[J]. Information system frontiers, 2006, 8(5): 338-349.

[4] 王雪涛. 大数据环境下我国企业信息安全影响因素研究[D]. 哈尔滨: 黑龙江大学, 2017.

[5] DOR D, ELOVICI Y. A model of the information security investment decision-making process[J]. Computers & security, 2016, 63: 1-13.

[6] GAO X, ZHONG W J, MEI S. Security investment and information sharing under an alternative security breach probability function[J]. Information system frontiers, 2015, 17(2): 423-438.

[7] MAYADUNNE S, PARK S. An economic model to evaluate information security investment of risk-taking small and medium enterprises[J]. International journal of production economics, 2016, 182: 519-530.

[8] LIU D P, JI Y H, MOOKERJEE V. Knowledge sharing and investment decisions in information security[J]. Decision support systems, 2011, 52(1): 95-107.

[9] GAO X, ZHONG W J, MEI S. A game-theoretic analysis of information sharing and security investment for complementary firms[J]. Journal of operation research society, 2014, 65(11): 1682-1691.

[10] WU Y, FUNG R Y, FENG G Z, et al. Decisions making in information security outsourcing: impact of complementary and substitutable firms[J]. Computers & industrial engineering, 2017, 110: 1-12.

[11] 赵伯琪. 浅谈企业信息安全治理框架[J]. 网络空间安全, 2013, 4(5): 19-21.

[12] GAO X, ZHONG W J, MEI S. Information security investment when hackers disseminate knowledge[J]. Decision analysis, 2013, 10(4): 352-368.

[13] HUI K L, HUI W, YUE W T. Information security outsourcing with system interdependency and mandatory security requirement[J]. Journal of management information systems, 2012, 29(3): 117-155.

[14] MOOKERJEE V, MOOKERJEE R, BENSOUSSAN A, et al. When hackers talk: managing information security under variable attack rates and knowledge dissemination[J]. Information system research, 2011, 22(3): 606-623.

[15] HUA J, BAPNA S. Who can we trust? the economic impact of insider threats[J]. Journal of global information technology management, 2013, 16(4): 47-67.

[16] 杨翾. 感知风险和信任对互联网理财产品消费行为的影响机理研究[D]. 南昌: 南昌大学, 2016.

第四章 互补企业间信息安全投资决策

近年来，随着企业信息化的深入，企业在使用信息技术时应该充分考虑到技术的普遍性和兼容性，以保证企业之间信息资源的交流[1]。当前，世界信息安全面临着极其严峻的挑战。信息安全不仅影响到个体企业或行业的利益，也影响到社会稳定和国家安全，信息安全防御的需求日益迫切[2]。为了解决信息安全问题，企业会加大对信息安全的投入，但以往的研究表明，虽然对信息安全的投入越来越大，对信息安全技术的运用越来越先进，最终的效果不一定最好[3-6]。同时，先进的信息技术可以联系相关企业，整合供应链，如持续补给计划（CRP），电子数据交换（EDI）和供应商管理库存（VMI），这种技术可以使企业与上下游企业甚至竞争对手形成紧密的联系和信息共享，即一个企业信息系统的安全可以直接影响到另一个企业[7-8]。例如，2017年2月24日，在京东的倡议下，腾讯、百度、沃尔玛中国、宝洁、中国人民大学刑事法律科学研究中心等14家知名企业（单位），正式成立了"阳光诚信联盟"。联盟旨在为反腐败、反欺诈、信息安全犯罪筑起安全长城，营造安全消费的商业环境。这说明企业之间信息安全事件的发生具有相关性，现有企业在信息安全方面达成了合作。

在对企业信息安全风险管理进行投资分析时，Wang等[9]提出了一种基于多目标模型的投资策略，该模型利用机会成本对信息风险进行转化，通过影响因素衡量安全相关工具和政策的效率，然后得出了若干可供选择的最优投资策略。Huang等[10]从风险厌恶型决策者的角度分析了信息安全投资。Lee等[11]提出了基于经济学中的风险价值和操作风险模型的信息安全投资利润优化模型。为帮助改进软件风险管理，Li等[12]提出了一个带有风险管理和成本控制模块的软件过程模型。在安全的成本效益方面，Gordon等[13]

提出了优化企业信息安全投资的经济模型，发现对于给定的潜在损失，企业并不总是需要投资于安全风险最大的信息资产，并利用日本电子政务的实际数据对该模型进行了实证检验[14]。Anderson 等[15]分析了在投资预算约束下企业信息安全投资的最优策略。Shirtz 等[16]提出了一个优化投资决策的新框架，该框架假设公司可以提出解决现有安全问题的补救措施。Bojanc 等[17]在定量分析企业信息安全风险和数字资产评估的基础上，提出了安全技术最优投资评估与决策模型。Dor 等[18]提出了一个基于扎根理论的概念模型，该模型反映了一些行业组织对信息安全投资的最新决策实践。现有研究指出，信息安全投入越大，使用信息安全技术越先进，最终效果不一定最好，企业需要平衡安全、成本和效益之间的关系，使整个系统的效益最大化。企业系统的脆弱性与投资效率、投资金额和信息系统的配置有关。这些研究成果为企业信息安全投资决策的研究提供了现实背景和依据。

由于企业之间可能由于网络连接、软件系统的相似性、业务往来及企业信息资产等存在一定的互补关系[19]，在互补企业之间，黑客在入侵一家企业后，需要再成功入侵另一家企业，从而获取价值[20]。本章研究了信息资产互补企业间在非合作情况下及完全合作情况下的信息安全投资决策问题。首先，分别讨论企业在非合作和完全合作情况下信息安全投资的最优投资决策，在此基础上讨论了企业规模、网络一次传播概率及黑客入侵概率对企业非合作情况下和完全合作情况下的安全投资策略影响。其次，在对比多企业在非合作和完全合作情况下的博弈均衡结果，得出 2 种情形下投资水平大小关系，并分析产生差别的原因。最后，设计了企业补偿机制及信息共享机制 2 个有效的经济激励机制，以确保社会信息安全水平达到最优。

4.1 互补企业间信息安全投资问题

由于互补企业间的信息资产性质，如果只有一家企业被入侵，信息的互补性保证了黑客不会获得任何收益，企业也不会遭受损失。通过以下 2 个例子[21-23]可以更好地说明企业信息资产的互补性。

① 在 2 个客户重叠的企业中，一个企业在其信息系统中存储客户姓名和身份证号，另一个企业在其信息系统中存储客户姓名、地址和电话号码。只有当 2 家企业的信息系统都被成功入侵时，这时黑客才能够欺骗性地申请

到新的信用卡。

② 大型商业飞机制造业是由主制造商、分系统供应商及部件供应商形成的供应链体系。主制造商可能将设计新产品主要组件的工作外包给其他企业，如波音767和波音777的机体部件是由三菱重工、川崎重工及富士重工等参与设计的，黑客如果想获取这架新飞机的整体设计就必须得到这几家企业的设计信息。

在互补企业之间的信息安全投资决策方面，已有关于信息共享环境下互补企业的2个信息安全投资决策问题的相关研究[24-25]。然而，现有的研究还没有考虑到多企业数量和合作关系的影响，它们在现实中会影响企业信息安全的投入水平。因此，对非合作情况下信息资产互补的多企业的最优投资水平进行理论研究，并与合作情况进行对比分析，具有重要的现实意义。目前，研究主要是企业在信息共享下的信息安全投资决策方面的研究，而现实中有些企业担心与其他企业合作会给其带来负面影响而不愿意进行合作，因此需要对互补企业在非合作情况下的最优结果进行理论研究，并且对比非合作情况下及完全合作情况下的企业信息安全最优投资结果。Gohnston 等[26]提出了一个优化企业信息安全投资的经济模型，发现对于给定的潜在损失，企业并不总是需要将其投资于安全风险最大的信息资产。Liu 等[21]分析了2个关联企业之间信息安全投资及信息共享的关系，发现互补企业有进行信息共享的自然动机，不需要外部影响来诱导共享。Gao 等[22]基于博弈论对互补企业的安全投资和信息共享进行了研究，对企业和黑客的最优选择进行了分析。可以看出前人的研究主要针对单个或2个企业，没有考虑网络传播性对互补企业信息安全投资策略的影响。Bandyopadhyay 等[27]研究了2个企业的信息安全投资策略，考虑网络传播性并分析了最优投资策略；根据第三章中企业信息安全投资影响因素的解释结构模型中黑客行为能直接影响企业信息安全技术水平及企业信息安全行为，从而影响企业的信息安全投资决策。但目前的研究普遍将黑客的入侵概率假设为一个定值，而实际上黑客的入侵概率在一定程度上能够刺激企业加大信息安全投入并减少成本，因此需要将互补企业黑客的入侵概率作为一个变量考虑进来，并研究其对企业信息安全投资决策的影响。本章针对实际情况中具体的多企业结构，考虑互补企业群体中的多次传播性及黑客的入侵概率，对多个互补企业在非合作情况下和完全合作情况下信息安全最优投资额进行研究分析，通过对比提出促进企业进行完全合作的企业补偿机制及信息共享机制，最后进行了数值实验及分析并提出相应的管理启示。

4.2 互补企业间信息安全投资决策模型

本节考虑 $n(n>2)$ 个互补企业之间在非合作和合作情况下的信息安全投资决策问题。涉及的变量及参数如表 4.1 所示。

表 4.1　第四章变量及参数说明

n	互补企业群体中的企业数量
L	企业群体的信息系统被黑客成功入侵后单个企业遭受的损失
q	互补企业间一次传播概率
p_i	企业 $i(i=1,2,\cdots,n)$ 被黑客直接攻击成功概率
δ	黑客入侵概率
v	没有进行信息安全投资时黑客直接入侵成功概率
x_i	企业 $i(i=1,2,\cdots,n)$ 的信息安全投资额
β	企业的信息安全投资效率
C_i	企业 $i(i=1,2,\cdots,n)$ 的期望成本

根据前人研究[26,28-29]，企业信息系统被黑客直接成功入侵的概率与3个参数有关，因此可以将企业被黑客成功入侵的概率表示为 $P(\delta,v,x)$，其中 $\delta(0<\delta<1)$ 为黑客入侵概率，假设企业的信息安全投资对黑客是保密的，那么企业的信息安全投资不会影响黑客的入侵概率；$v(0<v<1)$ 是企业没有进行信息安全投资时的直接被黑客成功入侵概率，主要由信息系统的配置决定[10]；x 为信息安全投资额。这里对 Gordon 等[13]的模型进行扩展，将企业信息系统被黑客直接成功入侵的概率函数表示为

$$p_i = P(x_i) = \delta v^{\beta x_i + 1},$$

其中，β 为企业的信息安全投资效率。

在互补企业群体中，企业之间两两连接，都可能受到黑客的直接或间接攻击。直接攻击是指企业由自身的信息系统漏洞导致黑客攻击成功，间接攻击是指黑客首先成功入侵该企业的互补企业，由于网络传播性利用互补企业

间受信任的链接成功入侵该企业，其他企业由于企业间的关联性被黑客成功入侵的一次传播概率为 q。

互补企业间黑客攻击的传播路径如图 4.1 所示，黑客首先成功入侵了企业 1，而企业 2 由于与企业 1 相连被间接攻击，企业 3 是由于与企业 2 之间的内在连接被成功攻击。从图中可以看出，企业 1 受到的是直接攻击，企业 2 是由于一次网络传播被间接攻破，企业 3 是由于二次传播被黑客成功入侵，企业 n 是由于 $n-1$ 次传播被黑客成功入侵。在互补的情况下，黑客成功入侵一家企业后，还需要成功入侵企业群体中的其他企业以获取价值。如果只有一家企业被入侵，信息的互补性保证了黑客不会获得任何价值，企业也不会遭受损失。

图 4.1 互补企业间黑客攻击的传播路径

互补企业群体中每个企业是同质的，当企业群体信息系统被黑客成功入侵时，每个企业的损失为 L。假设没有关于企业脆弱性的先验信息，则可以合理地假设每个企业受到攻击的概率是相等的。那么企业 1 被黑客成功入侵的概率如下：

$$P_1 = 1 - (1-p_1)\prod_{n=2}^{N}(1 - q^{n-1}p_n), \qquad (4-1)$$

其中，p_1 为企业 1 被黑客直接攻击成功的概率，$q^{n-1}p_n$ 为企业 1 被黑客间接攻击成功的概率，$(1-p_1)\prod_{n=2}^{N}(1-q^{n-1}p_n)$ 是企业 1 不被黑客成功入侵的概率。

假设所有企业风险中立，企业 $i(i=1,2,\cdots,n)$ 的信息安全投资额为 x_i，初始投资额为 0。企业信息安全投资额越大，企业的信息安全水平越高。

4.3 非合作情况下企业信息安全投资决策

本节分析互补企业群体中在非合作情况下单个企业的均衡策略，企业

$i(i=1,2,\cdots,n)$ 被黑客成功入侵的概率为 $1-(1-p_i)\prod_{n=2}^{N}(1-q^{n-1}p_n)$，企业的目标是最小化其期望成本，那么企业 i 的目标函数为：

$$\min C_i = [1-(1-p_i)\prod_{n=2}^{N}(1-q^{n-1}p_n)]L + x_i。 \quad (4-2)$$

由公式（4-2）可得

$$\frac{\partial C_i}{\partial x_i} = \delta\beta Lv^{\beta x_i+1}\ln v \prod_{n=2}^{N}(1-q^{n-1}p_n) + 1, \quad (4-3)$$

$$\frac{\partial^2 C_i}{\partial x_i^2} = \delta\beta^2 Lv^{\beta x_i+1}(\ln v)^2 \prod_{n=2}^{N}(1-q^{n-1}p_n)。 \quad (4-4)$$

由公式（4-4）可知，$\frac{\partial^2 C_i}{\partial x_i^2} > 0$，关于各企业最优信息安全投资额，可得引理 4.1。

引理 4.1 当互补企业群体中各企业在非合作情况下时，各企业的最优投资额为 x^*，且各企业的纳什均衡解为 $(x^*, x^*, \cdots, x^*)$，其中 x^* 满足

$$x^* = \frac{-\ln(-\delta v\beta L\ln v \prod_{n=2}^{N}(1-q^{n-1}p_n(x^*)))}{\beta\ln v}。$$

基于上文给出的各企业最优安全投资额及纳什均衡解，可以分析企业规模、互补企业间一次传播概率及黑客直接入侵概率对企业最优安全投资的影响。由于互补企业群体中各企业安全投资额相等，那么各企业被黑客直接入侵成功的概率也相等。由引理 4.1 可知 x^* 满足

$$\delta\beta Lv^{\beta x_i+1}\ln v \prod_{n=2}^{N}(1-q^{n-1}p_n(x_i)) + 1 = 0。$$

又因为

$$\frac{\prod_{n=2}^{N}(1-q^n p_{n+1})}{\prod_{n=2}^{N}(1-q^{n-1}p_n)} = 1 - q^n p_{n+1} < 1,$$

那么

$$\prod_{n=2}^{N}(1-q^{n-1}p_n),$$

会随着企业数量增大而减少。对于企业 i 来说，为满足

$$\delta\beta Lv^{\beta x_i+1}\ln v\prod_{n=2}^{N}(1-q^{n-1}p_n(x_i))+1=0, p(x_i)=\delta v^{\beta x_i+1}$$

的值需增大，那么互补企业群体中各企业会降低其信息安全投资额。由此可得定理 4.1。

定理 4.1 若互补企业群体中企业数量为 n，在非合作情况下，企业最优信息安全投资额 x^* 与企业数量 n 呈负相关关系。

定理 4.1 说明随着互补企业群体中企业数量的增加，各企业的最优投资额会随之减少，这样会增加黑客成功入侵的概率，使企业群体的信息安全水平降低。虽然企业数量的增加能够使企业间共同承担风险，但容易造成企业信息安全水平的降低，当企业数量大于某一临界值时，企业没有必要进行投资，因此企业应权衡新加入者带来的优缺点。例如，在波音公司的外包商中，机体部件制造商比较多，但发动机制造商较少，那么在与其他制造商的外包活动中，波音公司可同时负责某些特定机体部件的制造或将核心部件整合外包，以此来减少企业数量。

由于 $\prod_{n=2}^{N}(1-q^{n-1}p_n)$ 会随着互补企业间一次传播概率的增大而减小。企业 i 为满足

$$\delta\beta Lv^{\beta x_i+1}\ln v\prod_{n=2}^{N}(1-q^{n-1}p_n(x_i))+1=0, p(x_i)=\delta v^{\beta x_i+1}$$

的值需增大，那么互补企业群体中各企业会降低其信息安全投资额，由此可得定理 4.2。

定理 4.2 对任意企业间一次传播概率 $q\in(0,1)$，若互补企业群体中各企业在非合作情况下，企业最优信息安全投资额 x^* 单调递减。

定理 4.2 表明随着互补企业间一次传播概率的增大，其最优信息安全投资额会随之降低。Bandyopadhyay 等[27]提出了 2 个互补企业信息安全投资博弈模型，研究发现网络传播性对企业最优投资策略存在负面的影响。也就是说互补企业间一次传播概率的增加会降低企业的信息安全投资动力。那么互补企业在非合作情况下可调整企业群体的网络结构，减少与其他企业连接导致企业被黑客间接入侵。例如，波音公司与其他企业的信息安全投资在非合作情况下，可将其产业链结构调整为二级、三级承包商模式，以此来调整企业间信息系统的网络连接结构。

由于企业数量或企业间一次传播概率的增加会加大企业被黑客入侵成功的概率,但分析表明企业不但不会增加信息安全投资额,反而会减少其投资额度,这样更加恶化了企业的信息安全环境,导致这种现象的原因是企业之间存在着"搭便车"行为。企业的信息安全投资不仅只是有利于其自身信息系统的安全,对其他企业信息系统的安全也是有利的。企业信息安全投资额的增加会导致其安全投资的边际效益下降[26]。企业信息安全投资的边际效益会随着企业数量或企业间一次传播概率的增大而降低,从而导致企业减少其信息安全方面的投资额。通过分析黑客入侵概率对企业在非合作情况下最优投资额的影响,可得定理 4.3。

定理 4.3 对任意黑客入侵概率 $\delta \in (0, 1)$,若互补企业群体中各企业在非合作情况下,企业间最优信息安全投资额 x^* 单调递增,即

$$\frac{\mathrm{d}x}{\mathrm{d}\delta} > 0 \text{。}$$

定理 4.3 表明在信息资产互补企业群体博弈模型中,各个企业的信息安全投资额会随着黑客直接入侵概率的增大而增加。这是一个反直觉的结论,因为随着黑客入侵概率的增加,企业会面临更多的风险及更大的损失,但实际上黑客入侵概率的增加会刺激企业加大投入,进而提高企业的信息安全水平。接下来可分析互补企业群体在完全情况下企业的信息安全投资水平及各参数对最优投资额的影响。

4.4 完全合作情况下企业信息安全投资决策

本节分析在完全合作情况下互补企业的最优信息安全投资策略,最小化所有企业的期望成本是企业群体的目标,那么企业群体的目标函数为:

$$\min C = \left[1 - (1-p)\prod_{n=2}^{N}(1 - q^{n-1}p_n)\right]L + nx, \quad (4-5)$$

由公式 (4-5) 可得

$$\frac{\partial C}{\partial x} = \delta\beta L v^{\beta x+1}\ln v \prod_{n=2}^{N}(1 - q^{n-1}p_n) + n, \quad (4-6)$$

$$\frac{\partial^2 C}{\partial x^2} = \delta\beta^2 L v^{\beta x_i+1}(\ln v)^2 \prod_{n=2}^{N}(1 - q^{n-1}p_n), \quad (4-7)$$

由公式（4-7）可知，$\frac{\partial^2 C_i}{\partial x_i^2} > 0$，关于企业最优信息安全投资额，当公式（4-6）为0时，即

$$\delta\beta L v^{\beta x+1}\ln v \prod_{n=2}^{N}(1-q^{n-1}p_n) + n = 0$$

时可得引理 4.2。

引理 4.2 当互补企业群体中的所有企业在完全合作情况下最优信息安全投资额为 $x^{*'}$，其中 $x^{*'}$ 满足

$$x^{*'} = \frac{\ln\frac{n}{v} - \ln\left[-\delta v\beta L\ln v \prod_{n=2}^{N}\left(1-q^{n-1}p_n(x^{*'})\right)\right]}{\beta\ln v}。$$

比较 x^* 和 $x^{*'}$，显然互补企业群体在完全合作情况下各企业的最优投资额高于企业在非合作情况下的最优投资额，那么企业在完全合作情况下的信息安全水平是高于企业在非合作情况下的信息安全水平的。比较企业在完全合作情况下和在非合作情况下的各企业的期望成本，可得定理 4.4。

定理 4.4 当企业损失

$$L > \frac{-1}{p'\prod_{n=2}^{N}(1-q^{n-1}p_n)}$$

时，

$$\frac{\partial C_i}{\partial x_i} < 0,$$

且企业在完全合作情况下的投资额 $x^{*'}$ 大于非合作情况下投资额 x^*，那么企业在完全合作情况下的期望成本 $C_i(x^{*'})$ 小于在非合作情况下的期望成本 $C_i(x^*)$。

定理 4.4 表明当企业损失大于某一阈值时，互补企业群体中企业在完全合作情况下的投资额高于非合作情况下的投资额，且期望成本低于企业在非合作情况下的期望成本。也就是说企业在完全合作情况下能够提高其信息安全水平且降低其期望成本。当企业在完全合作情况下，存在一个最小期望成本阈值，当低于这个阈值时企业没有必要进行投资，当高于这个阈值时企业的期望成本会随企业投资额的增加而增加。因此，不是所有的风险都值得投资，若企业的期望成本很小，企业应承担一定的风险，此时没有必要进行投资。当企业的期望成本很高，导致企业面临一个灾难性的后果时，企业的最

优投资额会达到稳定的水平,此时随着期望成本的增加,企业的最优投资额不会显著增加,那么企业最好的解决方案不是进行过度投资,而是采取其他转移风险的办法,如进行信息安全外包或购买商业保险。基于上文给出的互补企业在完全合作情况下的最优安全投资额,可分析各参数对企业在完全合作情况下最优安全投资额的影响,可得定理4.5。

定理4.5 互补企业群体在完全合作情况下,企业最优信息安全投资额 $\overset{*}{x}{}'$ 与企业数量 n 呈负相关关系,即

$$\frac{\mathrm{d}x}{\mathrm{d}n} < 0 。$$

由定理4.1和定理4.5可知,互补企业群体中各企业不管是在非合作情况下还是完全合作情况下,虽然增加企业数量可以给群体带来更多的共享信息,但其最优信息安全投资额随着企业数量的增加而减少,这样会增加黑客成功入侵的概率,使企业群体的信息安全水平降低,因此不管在非合作情况下或完全合作情况下,企业群体应平衡好新加入者带来的优缺点。互补企业间一次传播概率对最优安全投资额的影响,可得到定理4.6。

定理4.6 对于任意企业间一次传播概率 $q \in (0, 1)$,互补企业群体在完全合作情况下,其最优信息安全投资额 $x^{*'}$ 与互补企业间一次传播概率 q 呈正相关关系,即

$$\frac{\mathrm{d}x}{\mathrm{d}q} > 0 。$$

定理4.6证明了企业在完全合作情况下,最优投资额会随着企业间一次传播概率的增加而增加,这与企业在非合作情况下的变化趋势相反。企业间一次传播概率的增加会导致企业群体的信息系统更容易被黑客成功入侵,而企业在非合作情况下不会关心若其信息系统被黑客成功入侵是否会"传染"其他企业,从而导致对企业策略产生消极影响,导致这种现象的原因是互补企业间可能存在着搭便车行为。

因此,当互补企业群体中各个企业独立决策时,企业只考虑自身利益,并不会考虑当黑客通过企业间传播入侵到其他企业会对整体造成损失,若企业群体进行协同决策,其目标是使整体期望成本最小化,这就鼓励企业通过加大信息安全投入来减少企业群体的期望损失。由此可知,企业间在完全合作情况下的最优投资额可以增加信息安全水平并减少总体期望成本。因此,为了促使企业间进行合作,需要设计企业补偿机制及信息共享机制。

4.5 激励机制的设计

4.5.1 企业补偿机制

由于互补企业群体中各企业在非合作情况下的最优安全投资额小于在完全合作情况下的最优安全投资额,且在非合作情况下的期望成本高于完全合作情况下的期望成本。因此,需要一个社会规划者来代替企业进行联合决策,通过设计企业补偿机制鼓励企业在非合作情况下提高其信息安全投资额达到最优水平。

假设企业能够探测到黑客的入侵且能够鉴别出是直接入侵还是间接入侵。如果企业是由于黑客的间接入侵造成损失,那么与其相连的企业需支付给该企业一定的补偿。假设被黑客间接入侵成功的企业能够从与其相连的企业获得 λL 的赔偿,其中 λ 为赔偿系数。

当企业 j 是由于企业 i 被黑客间接入侵成功,且是由于企业 i 被黑客直接入侵成功传播导致,与其他企业没有关系,此时企业 i 需向企业 j 进行补偿。在此机制下,企业 i 目标函数为

$$\min C_B = x + \left[1 - (1-p_i)\prod_{n=2}^{N}(1-q^{n-1}p_n)\right]L + \sum_{j=1, j\neq i}^{n} p_i q(1-p_j)\lambda L - \sum_{j=1, j\neq i}^{n} p_j q(1-p_i)\lambda L, \quad (4-8)$$

其中,第一项为企业 i 的安全投资额,第二项为企业 i 的期望成本,第 3 项为当其他企业由于企业 i 被间接入侵成功企业 i 需赔偿给其他企业的金额,第 4 项为当企业 i 由于其他企业被间接入侵成功企业 i 从其他企业获得的补偿。简化式(4-8)后可得

$$\min C_B = x + \left[1 - (1-p_i)\prod_{n=2}^{N}(1-q^{n-1}p_n)\right]L + \sum_{j=1, j\neq i}^{n}(p_i - p_j)q\lambda L, \quad (4-9)$$

由式(4-9)可知,

$$\frac{\partial^2 C_B}{\partial x^2} > 0,$$

那么当 x_B^* 满足

$$\frac{\partial C_B}{\partial x} = 0,$$

即当 x_B^* 满足

$$1 + \delta\beta Lv^{\beta x+1}\ln v \prod_{n=2}^{N}(1 - q^{n-1}p_n) + n\delta\beta\lambda Lv^{\beta x+1}\ln v = 0,$$

时，可得到互补企业群体各企业的最优投资额。通过与企业在非合作情况下最优投资额相比，可得 $x_B^* > x_i^*$，也就是说在企业补偿机制下的最优投资额高于企业在非合作情况下的投资额，因此企业补偿机制下的企业信息安全水平高于非合作情况下的水平。接下来比较在企业补偿机制下及企业在非合作情况下的期望成本，由于互补企业中各企业是同质的，那么在企业补偿机制下企业的期望成本可表示为

$$\min C_B = x + \left[1 - (1 - p_i)\prod_{n=2}^{N}(1 - q^{n-1}p_n)\right]L。$$

当 L 满足

$$L > \frac{-1}{\delta\beta v^{\beta x+1}\ln v \prod_{n=2}^{N}(1 - q^{n-1}p_n)}$$

时，

$$\frac{\partial C_B}{\partial x} < 0,$$

那么 $C_B(x_B^*) < C_i(x_i^*)$，即在企业补偿机制下的期望成本小于企业在非合作情况下的期望成本。由此，可得定理4.7。

定理4.7 当企业损失

$$L > \frac{-1}{\delta\beta v^{\beta x+1}\ln v \prod_{n=2}^{N}(1 - q^{n-1}p_n)},$$

若企业 i 被黑客直接入侵成功，而企业 j 是由于企业 i 被黑客间接入侵成功，那么企业 i 需向企业 j 支付 λL 的赔偿。在企业补偿机制下，企业的最优投资额 x_B^* 大于企业在非合作情况下的投资额 x_i^*，且期望成本 $C_B(x_B^*)$ 小于企业在非合作情况下的期望成本 $C_i(x_i^*)$。

因此，在企业补偿机制下，企业不但能够提高互补企业群体信息安全水平，而且能够减少其期望成本，是一种有效的经济激励措施。据此可推断出

在企业补偿机制下的最优投资额与赔偿系数之间的关系。由于

$$\frac{dx_B}{d\lambda} = -\frac{n\delta\beta v^{\beta x+1}\ln v}{\delta\beta^2 Lv^{\beta x+1}(\ln v)^2 \prod_{n=2}^{N}(1-q^{n-1}p_n) + n\delta\beta^2 \lambda Lv^{\beta x+1}(\ln v)^2} > 0 ,$$

因此，最优投资额随着赔偿系数的增长而增长。同时可得出当

$$\lambda < -\frac{1+\delta\beta Lv^{\beta x+1}\ln v \prod_{n=2}^{N}(1-q^{n-1}p_n)}{n\delta\beta Lv^{\beta x+1}\ln v} ,$$

时，企业投资不足；当

$$\lambda > -\frac{1+\delta\beta Lv^{\beta x+1}\ln v \prod_{n=2}^{N}(1-q^{n-1}p_n)}{n\delta\beta Lv^{\beta x+1}\ln v} ,$$

时，企业将会过度投资。因此，在企业补偿机制下，当

$$\lambda = -\frac{1+\delta\beta Lv^{\beta x+1}\ln v \prod_{n=2}^{N}(1-q^{n-1}p_n)}{n\delta\beta Lv^{\beta x+1}\ln v} ,$$

时，能够避免企业出现投资不足及过度投资的情况。企业补偿机制表明，对其他企业的间接攻破负有责任的企业应赔偿被间接攻破的企业，这是合理的并且提高了企业进行安全投资的积极性。

4.5.2 信息共享机制

为了促使企业间共享安全信息，美国政府建立了诸多机构，如国家互联网协调中心（National Internet Emergency Center，CNCERT）、特勤局电子犯罪工作组等。与此同时，还建立了基于行业的信息共享与分析中心（Information Sharing and Analysis Centre，ISAC），包括信息技术行业、供应链、航空、电力、金融服务、房地产、交通、国防工业基地、公共交通等。信息技术信息共享和分析中心（Information Technology-Information Sharing and Analysis Centre，IT-ISAC）旨在促进有关网络安全威胁和漏洞的信息共享。该中心为会员提供了一个中立的论坛，让会员与其他会员公司的同行交流，分享和了解有关威胁和漏洞的非公开细节。当企业通过此类组织共享安全信息时，可以对信息进行分析和分类，快速传播物理和网络威胁警报，并向成员

企业推荐安全解决方案，以尽快保护其信息系统。本小节讨论了信息共享的益处，并深入研究了信息资产互补企业在信息共享机制下的投资决策。

假设企业在进行信息安全共享时不考虑信息泄露的风险，一个企业能够从互补群体中的其他企业获得安全信息，那么其他企业的信息安全投资将会与该企业共享，也就是说，企业1将会从其他企业获得 $\theta \sum_{n=2}^{N} x_n$ 的信息安全方面的投资，其中 θ 表示企业1与其他企业在信息安全方面的信息共享率。

若互补企业群体的信息安全投资与其他企业共享，那么企业 i 将会从其他企业获得 $\theta \sum_{n=2}^{N} x_n$ 的信息安全方面的投资。在此信息共享机制下，企业 i 的目标函数为：

$$\min C_s = \left[1 - (1 - p_i(x_i + \theta \sum_{n=2}^{N} x_n)) \prod_{n=2}^{N} (1 - q^{n-1} p_n(x_i + \theta \sum_{n=2}^{N} x_n))\right] L + x_i, \tag{4-10}$$

由公式（4-10）可得企业在信息共享机制下的最优信息安全投资额为：

$$x_S^* = \frac{\theta \ln \frac{n}{v} - \ln(-\delta v \beta L \ln v \prod_{n=2}^{N}(1 - q^{n-1} p_n))}{\beta \ln v},$$

通过与企业在合作情况下的最优信息安全投资额相比，可得 $x_S^* > x^*$，那么企业在信息共享机制下的最优信息安全投资额大于企业在非合作情况下的最优信息安全投资额，因此企业在信息共享机制下的信息安全水平大于企业在非合作情况下的信息安全水平。

接下来，比较企业在信息共享机制下和企业在非合作情况下的期望成本。当 L 满足

$$L > \frac{-1}{p' \prod_{n=2}^{N}(1 - q^{n-1} p_n)},$$

时，

$$\frac{\partial C_S}{\partial x} < 0,$$

那么

$$C_S(x_S^*) < C_S(x_i^*),$$

即在企业信息共享机制下的期望成本小于企业在非合作情况下的期望成本。

那么,在企业信息共享机制下,企业不但能够提高互补企业群体信息安全水平,而且能够减少其期望成本,由此可得定理4.8。

定理 4.8 在企业信息共享机制下,当企业损失

$$L > \frac{-1}{p' \prod_{n=2}^{N}(1-q^{n-1}p_n)},$$

时,企业的最优投资额 x_S^* 大于企业在非合作情况下的投资额 x^*,且企业的期望成本 $C_S(x_S^*)$ 小于企业在非合作情况下的期望成本 $C_S(x_S^*)$。

由定理4.8可知,当企业被黑客入侵损失大于某一阈值时,企业在信息共享机制下,不但能够提高互补企业群体信息安全水平,而且能够减少其期望成本,是一种有效的经济激励措施。据此可推断出在信息共享机制下的最优投资额与一次网络传播概率的关系,可得定理4.9。

定理 4.9 当信息共享效率

$$\theta > -\beta \ln v \prod_{n=2}^{N}(1-q^{n-1}p_n),$$

时,在信息共享机制下,互补企业的最优投资额 x_S^* 与企业间一次传播概率 q 呈正相关,即

$$\frac{\mathrm{d}x_S}{\mathrm{d}q} > 0。$$

定理4.9说明当信息共享效率大于某一有效值时,互补企业的最优投资额会随着企业间一次传播概率的增加而增加。也就是说,当信息共享效率大于某一有效值时,企业间一次传播概率对企业的信息安全投资决策起着积极的作用,能够保证信息共享机制的有效性。当

$$\theta > -\beta \ln v \prod_{n=2}^{N}(1-q^{n-1}p_n),$$

时,

$$\frac{\mathrm{d}x}{\mathrm{d}\theta} = -\frac{1-\delta v^{\beta x+1}}{\beta^2 \delta v^{\beta x+1}(\ln v)^2 \prod_{n=2}^{N}(1-q^{n-1}p_n) + \beta \delta v^{\beta x+1}\ln v} > 0,$$

由此可得定理4.10。

定理 4.10 在信息共享机制下,当信息共享效率

$$\theta > -\beta \ln v \prod_{n=2}^{N}(1-q^{n-1}p_n),$$

时，互补企业的最优投资额 x_S^* 与企业信息共享效率 θ 呈正相关，即

$$\frac{\mathrm{d}x}{\mathrm{d}\theta} > 0。$$

在信息共享机制下，当 $\theta = 0$ 时，$x_S^* = x^*$；当 $\theta = 1$ 时，$x_S^* = x^{*'}$。那么，当信息共享效率为 0 时，企业信息安全最优投资额等于企业单独决策时的投资额；当信息共享效率为 1 时，企业信息安全最优投资额达到了社会最优投资水平。因此，信息共享机制是一种有效的经济激励机制。

4.6 数值实验

通过数值实验可解释前面的研究结果，主要目的是：①给出企业在非合作情况下和完全合作情况下的最优投资额及期望成本的数值解并进行相关分析；②分析企业数量 n、企业间一次传播概率 q 及黑客入侵概率 δ 增加时，信息安全投资额最优解和期望成本的变化趋势；③评估企业补偿系数 λ 和信息共享效率 θ 对最优投资额和期望成本的影响。

由于企业规模中企业数量大于 2，但不可能列举出所有的情况，因此我们只考虑分析 $n = 3$ 和 $n = 4$ 的情况。基于类似原因，δ 取以下 3 个值，$\delta = 0.1$，$\delta = 0.3$ 及 $\delta = 0.5$；q 取 $q = 0.1$，$q = 0.2$ 及 $q = 0.3$。另外，$\beta = 0.1$，$v = 0.5$ 及 $L = 200$。

首先，我们通过一组实验来实现目的①。实验结果如表 4.2 和表 4.3 所示，表中列举了 $n = 3$ 和 $n = 4$ 时企业在不同机制下的安全投资额和期望成本。从实验结果中可看出对于任意 $\delta \in \{0.1, 0.3, 0.5\}$，$q \in \{0.1, 0.2, 0.3\}$，企业在完全合作情况下的最优投资额高于非合作情况下的投资额，且期望成本低于在非合作情况下的期望成本，这与定理 4.4 相符。

表 4.2 $n = 3$ 时企业在不同机制下的安全投资额和期望成本

$\lambda = 0.2$ $\theta = 0.2$		非合作情况		完全合作情况		企业补偿机制		信息共享机制	
δ	q	投资额	期望成本	投资额	期望成本	投资额	期望成本	投资额	期望成本
0.1	0.1	5.4046	13.0102	5.4521	12.1796	5.4162	13.0018	5.4125	12.6359

续表

$\lambda=0.2$ $\theta=0.2$		非合作情况		完全合作情况		企业补偿机制		信息共享机制	
δ	q	投资额	期望成本	投资额	期望成本	投资额	期望成本	投资额	期望成本
0.1	0.2	5.3746	13.8592	5.4647	11.7354	5.4215	12.7621	5.3924	12.8326
0.1	0.3	5.2458	14.8080	5.4703	10.2013	5.4323	12.1936	5.2631	13.2031
0.3	0.1	10.2144	26.4977	12.3332	25.1022	10.3196	26.3596	10.2263	26.1102
0.3	0.2	10.1751	28.2791	12.4354	24.0014	10.5348	26.2354	10.1832	28.3621
0.3	0.3	10.0501	30.3642	12.5213	23.2031	10.7123	25.9563	10.1021	29.5420
0.5	0.1	17.7388	33.8496	21.5841	31.2105	18.1795	32.6325	17.8521	33.9514
0.5	0.2	17.6806	35.6174	21.9654	30.4763	18.3254	32.4785	17.7421	34.1219
0.5	0.3	17.5185	37.6972	22.2410	29.4355	18.5359	32.1256	17.6258	36.1259
$\lambda=0.4$ $\theta=0.4$		非合作情况		完全合作情况		企业补偿机制		信息共享机制	
δ	q	投资额	期望成本	投资额	期望成本	投资额	期望成本	投资额	期望成本
0.1	0.1	5.4046	13.0102	5.4521	12.1796	5.4227	12.7596	5.4217	12.5147
0.1	0.2	5.3746	13.8592	5.4647	11.7354	5.4321	12.2123	5.4331	12.3621
0.1	0.3	5.2458	14.8080	5.4703	10.2013	5.4462	12.0936	5.4491	12.2383
0.3	0.1	10.2144	26.4977	12.3332	25.1022	11.4357	25.9743	11.2163	25.9763
0.3	0.2	10.1751	28.2791	12.4354	24.0014	11.8206	25.6632	11.3621	25.7424
0.3	0.3	10.0501	30.3642	12.5213	23.2031	12.1346	25.2593	11.5976	25.4272
0.5	0.1	17.7388	33.8496	21.5841	31.2105	19.2201	31.9126	18.1431	33.7629
0.5	0.2	17.6806	35.6174	21.9654	30.4763	19.6320	31.8361	18.2625	33.6262
0.5	0.3	17.5185	37.6972	22.2410	29.4355	20.1154	31.6214	18.3963	33.5149
$\lambda=0.6$ $\theta=0.6$		非合作情况		完全合作情况		企业补偿机制		信息共享机制	
δ	q	投资额	期望成本	投资额	期望成本	投资额	期望成本	投资额	期望成本
0.1	0.1	5.4046	13.0102	5.4521	12.1796	5.4359	12.6520	5.4363	12.3754
0.1	0.2	5.3746	13.8592	5.4647	11.7354	5.4454	12.4124	5.4469	12.2056

续表

$\lambda=0.6$ $\theta=0.6$		非合作情况		完全合作情况		企业补偿机制		信息共享机制	
δ	q	投资额	期望成本	投资额	期望成本	投资额	期望成本	投资额	期望成本
0.1	0.3	5.2458	14.8080	5.4703	10.2013	5.4512	12.1965	5.4547	12.1453
0.3	0.1	10.2144	26.4977	12.3332	25.1022	11.5752	25.8541	11.4536	25.6152
0.3	0.2	10.1751	28.2791	12.4354	24.0014	11.9125	25.3321	11.5634	25.5791
0.3	0.3	10.0501	30.3642	12.5213	23.2031	12.2354	25.0125	11.6894	25.1549
0.5	0.1	17.7388	33.8496	21.5841	31.2105	20.1250	31.5364	18.4103	33.4754
0.5	0.2	17.6806	35.6174	21.9654	30.4763	20.5596	31.3842	18.6273	33.1752
0.5	0.3	17.5185	37.6972	22.2410	29.4355	20.9125	31.2936	18.7541	33.0412
$\lambda=0.8$ $\theta=0.8$		非合作情况		完全合作情况		企业补偿机制		信息共享机制	
δ	q	投资额	期望成本	投资额	期望成本	投资额	期望成本	投资额	期望成本
0.1	0.1	5.4046	13.0102	5.4521	12.1796	5.4435	12.5495	5.4456	12.2188
0.1	0.2	5.3746	13.8592	5.4647	11.7354	5.4521	12.1567	5.4520	12.1625
0.1	0.3	5.2458	14.8080	5.4703	10.2013	5.4615	11.6329	5.4691	11.0248
0.3	0.1	10.2144	26.4977	12.3332	25.1022	12.2821	25.7201	11.6237	25.3657
0.3	0.2	10.1751	28.2791	12.4354	24.0014	12.3026	25.5306	11.7481	25.2962
0.3	0.3	10.0501	30.3642	12.5213	23.2031	12.3957	25.2824	11.9659	25.1596
0.5	0.1	17.7388	33.8496	21.5841	31.2105	20.9206	31.2614	19.6326	32.8733
0.5	0.2	17.6806	35.6174	21.9654	30.4763	21.2253	30.9367	19.9514	32.6547
0.5	0.3	17.5185	37.6972	22.2410	29.4355	21.6205	30.5854	20.1209	32.3250
$\lambda=1$ $\theta=1$		非合作情况		完全合作情况		企业补偿机制		信息共享机制	
δ	q	投资额	期望成本	投资额	期望成本	投资额	期望成本	投资额	期望成本
0.1	0.1	5.4046	13.0102	5.4521	12.1796	5.5412	12.5247	5.4521	12.1796
0.1	0.2	5.3746	13.8592	5.4647	11.7354	5.5625	13.2836	5.4647	11.0354
0.1	0.3	5.2458	14.8080	5.4703	10.2013	5.5720	14.3695	5.4703	10.2013

续表

$\lambda=1$ $\theta=1$		非合作情况		完全合作情况		企业补偿机制		信息共享机制	
δ	q	投资额	期望成本	投资额	期望成本	投资额	期望成本	投资额	期望成本
0.3	0.1	10.2144	26.4977	12.3332	25.1022	12.4665	25.6826	12.3332	25.1022
0.3	0.2	10.1751	28.2791	12.4354	24.0014	12.5258	26.4254	12.4354	24.0014
0.3	0.3	10.0501	30.3642	12.5213	23.2031	12.6752	27.2239	12.5213	23.2031
0.5	0.1	17.7388	33.8496	21.5841	31.2105	21.7561	31.6258	21.5841	31.2105
0.5	0.2	17.6806	35.6174	21.9654	30.4763	22.2759	32.3159	21.9654	30.4763
0.5	0.3	17.5185	37.6972	22.2410	29.4355	22.7635	33.1016	22.2410	29.4355

表4.3　$n=4$ 时企业在不同机制下的安全投资额和期望成本

$\lambda=0.2$ $\theta=0.2$		非合作情况		完全合作情况		企业补偿机制		信息共享机制	
δ	q	投资额	期望成本	投资额	期望成本	投资额	期望成本	投资额	期望成本
0.1	0.1	5.3120	13.9731	5.4312	12.5360	5.3989	13.4963	5.3912	12.8632
0.1	0.2	5.2489	14.8604	5.3011	13.6543	5.4014	13.1945	5.3639	13.0125
0.1	0.3	5.1347	15.9501	5.1974	14.5688	5.4156	13.0324	5.2414	13.4328
0.3	0.1	10.2030	26.5126	12.2581	25.5127	10.2991	26.6596	10.2156	26.4471
0.3	0.2	10.1679	28.3814	12.3255	24.6534	10.4425	26.5362	10.1747	28.1624
0.3	0.3	10.0182	30.4008	12.4631	23.9254	10.6146	26.3458	10.1002	29.4653
0.5	0.1	17.7357	33.8634	21.4587	31.6753	18.0931	33.0120	17.7954	33.9961
0.5	0.2	17.6721	35.7263	21.6324	30.7539	18.2286	32.8136	17.6456	34.5448
0.5	0.3	17.4896	38.0689	21.9263	30.1031	18.4714	32.3896	17.5323	36.4122

$\lambda=0.4$ $\theta=0.4$		非合作情况		完全合作情况		企业补偿机制		信息共享机制	
δ	q	投资额	期望成本	投资额	期望成本	投资额	期望成本	投资额	期望成本
0.1	0.1	5.3120	13.9731	5.4312	12.5360	5.4026	13.1814	5.4063	12.7142
0.1	0.2	5.2489	14.8604	5.3011	13.6543	5.4197	12.9256	5.4192	12.6031

续表

$\lambda=0.4$ $\theta=0.4$		非合作情况		完全合作情况		企业补偿机制		信息共享机制	
δ	q	投资额	期望成本	投资额	期望成本	投资额	期望成本	投资额	期望成本
0.1	0.3	5.1347	15.9501	5.1974	14.5688	5.4232	12.6852	5.4254	12.5149
0.3	0.1	10.2030	26.5126	12.2581	25.5127	11.2412	26.2269	11.0197	26.2463
0.3	0.2	10.1679	28.3814	12.3255	24.6534	11.6417	25.7741	11.1525	26.0145
0.3	0.3	10.0182	30.4008	12.4631	23.9254	12.0569	25.4596	11.3363	25.8752
0.5	0.1	17.7357	33.8634	21.4587	31.6753	19.1361	31.8917	18.0102	33.9124
0.5	0.2	17.6721	35.7263	21.6324	30.7539	19.5258	31.8759	18.1547	33.8647
0.5	0.3	17.4896	38.0689	21.9263	30.1031	19.9106	31.7351	18.2819	33.6012
$\lambda=0.6$ $\theta=0.6$		非合作情况		完全合作情况		企业补偿机制		信息共享机制	
δ	q	投资额	期望成本	投资额	期望成本	投资额	期望成本	投资额	期望成本
0.1	0.1	5.3120	13.9731	5.4312	12.5360	5.4112	12.8785	5.4115	12.6514
0.1	0.2	5.2489	14.8604	5.3011	13.6543	5.4256	12.6725	5.4233	12.5020
0.1	0.3	5.1347	15.9501	5.1974	14.5688	5.4317	12.4923	5.4387	12.4734
0.3	0.1	10.2030	26.5126	12.2581	25.5127	11.3542	25.9456	11.4313	25.9816
0.3	0.2	10.1679	28.3814	12.3255	24.6534	11.7471	25.5210	11.5173	25.6531
0.3	0.3	10.0182	30.4008	12.4631	23.9254	12.0301	25.4782	11.6215	25.4526
0.5	0.1	17.7357	33.8634	21.4587	31.6753	20.0116	32.5531	18.3026	33.5194
0.5	0.2	17.6721	35.7263	21.6324	30.7539	20.4024	32.3201	18.5434	33.2364
0.5	0.3	17.4896	38.0689	21.9263	30.1031	20.7163	32.1523	18.6163	33.1512
$\lambda=0.8$ $\theta=0.8$		非合作情况		完全合作情况		企业补偿机制		信息共享机制	
δ	q	投资额	期望成本	投资额	期望成本	投资额	期望成本	投资额	期望成本
0.1	0.1	5.3120	13.9731	5.4312	12.5360	5.4266	12.6525	5.4227	12.5159
0.1	0.2	5.2489	14.8604	5.3011	13.6543	5.4359	12.5412	5.4378	12.4941
0.1	0.3	5.1347	15.9501	5.1974	14.5688	5.4441	12.3102	5.4464	12.4716

续表

$\lambda = 0.8$ $\theta = 0.8$		非合作情况		完全合作情况		企业补偿机制		信息共享机制	
δ	q	投资额	期望成本	投资额	期望成本	投资额	期望成本	投资额	期望成本
0.3	0.1	10.2030	26.5126	12.2581	25.5127	12.2614	25.8320	11.5215	25.4596
0.3	0.2	10.1679	28.3814	12.3255	24.6534	12.2912	25.6145	11.6934	25.3247
0.3	0.3	10.0182	30.4008	12.4631	23.9254	12.3462	25.4562	11.8116	25.2594
0.5	0.1	17.7357	33.8634	21.4587	31.6753	21.5593	31.0126	19.4976	32.9741
0.5	0.2	17.6721	35.7263	21.6324	30.7539	22.0452	30.3236	19.6791	32.7968
0.5	0.3	17.4896	38.0689	21.9263	30.1031	22.4124	29.9552	20.1116	32.3123

$\lambda = 1$ $\theta = 1$		非合作情况		完全合作情况		企业补偿机制		信息共享机制	
δ	q	投资额	期望成本	投资额	期望成本	投资额	期望成本	投资额	期望成本
0.1	0.1	5.3120	13.9731	5.4312	12.5360	5.5356	12.6122	5.4312	12.5360
0.1	0.2	5.2489	14.8604	5.3011	13.6543	5.5514	13.3658	5.3011	13.6543
0.1	0.3	5.1347	15.9501	5.1974	14.5688	5.5697	14.5756	5.1974	14.5688
0.3	0.1	10.2030	26.5126	12.2581	25.5127	12.4423	25.6023	12.2581	25.5127
0.3	0.2	10.1679	28.3814	12.3255	24.6534	12.5063	26.4125	12.3255	24.6534
0.3	0.3	10.0182	30.4008	12.4631	23.9254	12.6512	27.1310	12.4631	23.9254
0.5	0.1	17.7357	33.8634	21.4587	31.6753	21.6963	31.4869	21.4587	31.6753
0.5	0.2	17.6721	35.7263	21.6324	30.7539	22.1074	32.1175	21.6324	30.7539
0.5	0.3	17.4896	38.0689	21.9263	30.1031	22.6019	32.9116	21.9263	30.1031

其次,图4.2和图4.3分别显示了企业间一次传播概率及黑客入侵概率对企业在非合作情况下和完全合作情况下信息安全投资额的影响,由图4.2可以看出企业在非合作情况下,企业的信息安全投资额随着企业间一次传播概率的增加而减少,符合定理4.2;企业在完全合作情况下,企业的信息安全投资额随着企业间一次传播概率的增加而增加,符合定理4.6。图4.3表明企业在非合作情况下和完全合作情况下企业的信息安全投资额随着黑客入侵概率的增加而增加,符合定理4.3。然后通过对比$n=3$和$n=4$时的实验结果发现对于任意q、δ、λ

和 θ，企业投资额会随着企业数量的增加而减少，符合定理 4.1 和定理 4.5。

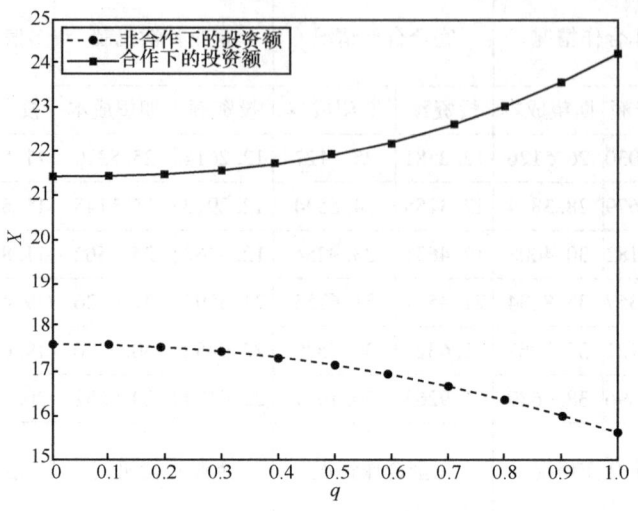

图 4.2　q 对互补企业非合作与合作博弈下的安全投资额的影响

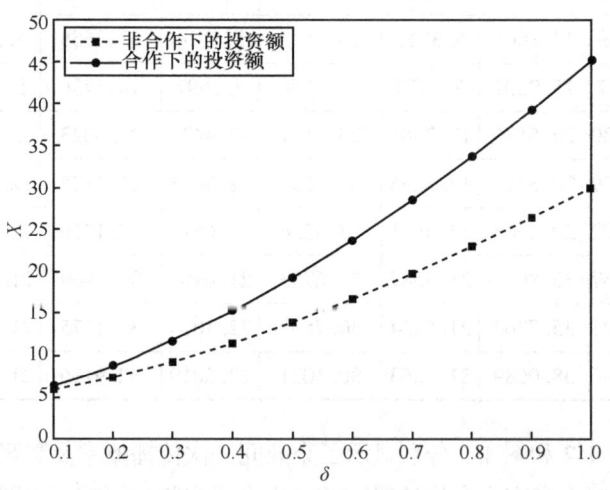

图 4.3　δ 对互补企业非合作与合作博弈下的安全投资额的影响

最后，在企业补偿机制下，企业最优投资额随着赔偿系数的增长而增长；当 $\lambda < 0.8$ 时企业最优投资额总是小于合作情况下的最优投资额，当 $\lambda > 0.8$ 时企业最优投资额大于合作情况下的最优投资额，因此互补企业群体中各企业的补偿系数在大于 0.8 的情况下会造成企业过度投资。在信息共享机制下，企业投资额随着信息共享效率 θ 的增加而增大，符合定理 4.10。当 $\theta < 0.4$ 时，企业投资额随企业间网络传播效率的增加而减少；当 $\theta > 0.4$ 时，企业投资额随企业间网络传播效率的增加而增大，符合定理 4.9。在这种情况下，企业信息共享效率的有效值为 0.4，因此互补企业群体中各企业的信息共享效率在大于 0.4 的情况下，能够确保企业信息安全投资额随企业间一次传播概率的增加而增大。

4.7 管理启示

本章考虑了企业数量、网络一次传播概率及黑客入侵概率对企业信息安全投资决策的影响，对互补企业信息安全投资决策问题进行研究，通过比较非合作情况及合作情况下信息安全投资水平及期望成本，提出有效的经济激励机制。由研究结果可得到以下管理启示：

（1）互补企业群体应加强在信息安全方面的合作以提高信息安全水平

首先，互补企业群体在非合作情况下，每个企业所作投资的程度并没有达到社会的最佳水平，各企业在安全方面的投资不足；在完全合作情况下各企业的信息安全水平高于企业在非合作情况下的安全水平，且其期望成本小于非合作情况下的期望成本。其次，当企业在完全合作情况下时，最优投资额会随着企业间一次传播概率的增加而增加，这与企业在非合作情况下的变化趋势相反，企业间一次传播概率的增加会导致企业群体的信息系统更容易被黑客成功入侵，而企业在非合作情况下不会关心若其信息系统被黑客成功入侵是否会"传染"其他企业，从而导致对企业策略产生了消极影响，导致这种现象的原因是互补企业间可能存在着搭便车行为。当企业在完全合作情况下，其目标是使整体期望成本最小化，这激励了企业通过增加信息安全投资额来降低企业群体的期望损失。由此可知，互补企业群体在完全合作情况下的最优投资额可以增加信息安全水平并减少总体期望成本。

（2）互补企业群体应在内部控制企业数量来降低信息安全风险

互补企业群体中各企业不管是在非合作情况下还是在完全合作情况下，虽然增加企业数量可以给群体带来更多的共享信息，但其最优信息安全投资额随着企业数量的增加而减少，这样会增加黑客成功入侵的概率，使企业群体的信息安全水平降低。例如，在波音公司的外包商中，机体部件制造商比较多，但发动机制造商较少，那么在与其他制造商的外包活动中，波音公司可同时负责某些特定机体部件的制造或将核心部件整合外包，以此来减少企业数量。

（3）互补企业群体应承担适当风险以避免过度投资

当企业在完全合作情况下，存在一个最小期望成本阈值，当低于这个阈值时企业没有必要进行投资，当高于这个阈值时企业的期望成本会随企业投资额的增加而增加。因此，不是所有的风险都值得投资，若企业的期望成本很小，企业应承担一定的风险，此时没有必要进行投资。当企业的期望成本很高，导致企业面临一个灾难性的后果时，企业的最优投资额会达到稳定的水平，此时随着期望成本的增加，企业的最优投资额不会显著增加，那么企业最好的解决方案不是进行过度投资，而是采取其他转移风险的办法，如进行信息安全外包或购买商业保险。

（4）政府及相关部门应建立企业补偿机制及信息共享机制来促进企业完全合作

站在社会规划者的角度，提出促进企业进行完全合作的企业补偿机制及信息共享机制，这2种机制能够提高企业群体的信息安全水平且降低期望成本，是有效的经济激励措施。企业补偿机制就是说如果企业是由于黑客的间接入侵造成损失，那么与其相连的企业需支付给该企业一定比例的补偿。当企业一被黑客成功入侵时，如果黑客直接成功入侵企业一且通过企业一成功入侵企业二，那么企业一不仅需承担自身损失还需要支付给企业二一定比例的损失；如果黑客仅成功入侵企业一没有入侵企业二，那么企业一独自承担损失；如果黑客是通过企业二成功入侵企业一，那么企业二需支付给企业一一定比例的损失。通过建模分析，在此机制下需要设置适当的补偿系数才能保证企业补偿机制的有效性，若补偿系数小于某一阈值会造成投资不足，若补偿系数大于某一阈值会造成过度投资。在信息共享机制下，互补企业的最优投资额会随着企业间一次传播概率及信息共享效率的增加而增加，当信息共享效率达到一定程度时，能保证信息安全共享机制的有效性。

随着信息技术的发展和企业信息化的深入，企业在信息安全方面面临的威胁越来越大，信息安全问题从孤立的、个体的企业问题逐渐演变为具有公共特征的安全问题，"多企业""非合作"使得互补企业间信息安全投资决策面临新的挑战。目前，研究主要针对单个或2个企业，且没有考虑互补企业群体中的多次传播性及黑客的入侵概率。实际情况中企业规模、网络中的

第四章　互补企业间信息安全投资决策

多次传播性及黑客入侵概率同样会对企业信息安全投资决策产生影响，因此本章针对实际情况中具体的多企业结构，考虑互补企业群体中的多次传播性及黑客的入侵概率，对多个互补企业在非合作情况下和完全合作情况下的投资决策进行研究分析并提出有效的经济激励机制。本章建立了信息资产互补企业群体信息安全投资博弈模型，得出企业在非合作情况下和完全合作情况下的最优投资策略；分析了企业规模、网络一次传播概率及黑客入侵概率对企业非合作情况下和完全合作情况下的安全投资策略影响；设计了企业补偿机制及信息共享机制2个有效的经济激励机制，以确保社会信息安全水平达到最优。

参考文献

[1] KONG H K, KIM T S, KIM J. An analysis on effects of information security investments: a BSC perspective[J]. Journal of intelligent manufacturing, 2012, 23(4): 941-953.

[2] LOWRY P B, DINEV T, WILLISON R. Why security and privacy research lies at the centre of the information systems (IS) artefact: proposing a bold research agenda[J]. European journal of information systems, 2017, 26: 546-563.

[3] CAVUSOGLU H, MISHRA B, RAGHUNATHAN S. The value of intrusion detection systems in information technology security architecture[J]. Information systems research, 2005, 16: 28-46.

[4] QIAN X, YANG W, PEI J, et al. A game of information security investment considering security insurance and complementary information assets[J]. International transactions in operational research, 2021, 29(3): 1791-1824.

[5] FENG N, WANG H J, LI M. A security risk analysis model for information systems: causal relationships of risk factors and vulnerability propagation analysis[J]. Information sciences, 2014, 256(1): 57-73.

[6] GAO X. Competitive information security investment under hacker knowledge dissemination [J]. Journal of industrial and management optimization, 2021, 19(6): 4199-4221.

[7] KRUTILLA K, ALEXEEV A, JARDINE E, et al. The benefits and costs of cybersecurity risk reduction: a dynamic extension of the gordon and loeb model[J]. Risk analysis, 2021, 41(10): 1795-1808.

[8] ZHANG H J. Mixed optimal control of forward-backward stochastic system[J]. Optimal control application &method, 2021, 42(3): 833-847.

[9] WANG Z K, SONG H T. Towards an optimal information security investment strategy[C]// Proceedings of the IEEE International Conference on Networking, Sensing and Control, 2008.

[10] HUANG C D, HU Q, BEHARA R S. An economic analysis of the optimal information security investment in the case of a risk-averse firm[J]. International journal of production economics, 2008, 114(2): 793-804.

[11] LEE Y J, KAUFFMAN R J, SOUGSTAD R. Profit-maximizing firm investments in customer information security[J]. Decision support system, 2011, 51(4): 904-920.

[12] LI J P, LI M L, WU D S, et al. An integrated risk measurement and optimization model

for trustworthy software process management[J]. Information sciences, 2012, 191(9): 47-60.

[13] GORDON L A, LOEB M P. The economics of information security investment[J]. ACM transactions on information & system security, 2002, 5(4): 438-457.

[14] TANAKA H, MATSUURA K, SUDOH O. Vulnerability and information security investment: an empirical analysis of e-local government in Japan[J]. Journal of accounting and public policy, 2005, 24(1): 37-59.

[15] ANDERSON E E, CHOOBINEH J. Enterprise information security strategies[J]. Computers & security, 2008, 27(1): 22-29.

[16] SHIRTZ D, ELOVICI Y. Optimizing investment decisions in selecting information security remedies[J]. Information management & computer security, 2011, 19(2): 95-112.

[17] BOJANC R, JERMAN-BLAZIC B, TEKAVCIC M. Managing the investment in information security technology by use of a quantitative modeling[J]. Information processing & management, 2012, 48(6): 1031-1052.

[18] DOR D, ELOVICI Y. A model of the information security investment decision-making process[J]. Computers & security, 2016, 63: 1-13.

[19] KATARIA G. Correlated failures, software diversification and information security risk management[D]. Pittsburgh: Carnegie Mellon University, 2011.

[20] BULGURCU B, CAVUSOGLU H, BENBASAT I. Information security policy compliance: an empirical study of rationality-based beliefs and information security awareness[J]. MIS quarterly, 2010(3): 523-548.

[21] LIU D P, JI Y H, MOOKERJEE V. Knowledge sharing and investment decisions in information security[J]. Decision support systems, 2011, 52(1): 95-107.

[22] GAO X, ZHONG W J, MEI S. A game-theoretic analysis of information sharing and security investment for complementary firms[J]. Journal of operation research society, 2014, 65(11): 1682-1691.

[23] 张军, 李红启, 张禄. 全球大型商用飞机制造供应链企业调查与评价[J]. 北京交通大学学报(社会科学版), 2015, 14(4): 81-88.

[24] GAO X, ZHONG W J, MEI S. Security investment and information sharing under an alternative security breach probability function[J]. Information system frontiers, 2015, 17(2): 423-438.

[25] WU Y, FUNG R Y, FENG G Z, et al. Decisions making in information security outsourcing: impact of complementary and substitutable firms[J]. Computers & industrial engineering, 2017, 110: 1-12.

[26] JOHNSTON A C, WARKENTION M. Fear appeals and information security behaviors: an

empirical study[J]. MIS quarterly, 2010, 34(3): 549-566.

[27] BANDYOPADHYAY T, JACOB V, RAGHUNATHAN S. Information security in networked supply chains: impact of network vulnerability and supply chain integration on incentives to invest[M]. Hague: Kluwer Academic Publishers, 2010.

[28] QIAN X F, LIU X B, PEI J, et al. A game-theoretic analysis of information security investment for multiple firms in a network[J]. Journal of operational research society, 2017, 68(10): 1290-1305.

[29] WU Y, FENG G Z, WANG N M, et al. Game of information security investment: Impact of attack types and network vulnerability[J]. Expert systems with applications, 2015, 42(15/16): 6132-6146.

第五章 替代企业间信息安全投资决策

由于信息技术的快速发展和信息服务的广泛应用,信息安全问题日益突出,已引起世界各国的关注[1]。为了解决信息安全问题,企业通常会加大对信息系统安全的投入,企业可以通过购买和使用更先进的设备或技术,如防火墙、入侵检测系统(IDS)、虚拟专用网(VPN)、杀毒软件、数据备份等[2-4]。然而,以往的研究表明,信息安全投资越大,信息安全技术使用越先进,最终的结果不一定是最好的[5-8]。企业信息系统的安全性会直接影响到另一个企业,信息资产的相关性必然会在一定程度上影响到企业之间信息安全投资战略和管理的选择。许多研究表明,黑客可能通过攻击具有类似信息资产、高脆弱性或高资产价值的公司而获益[9-10]。信息共享与信息安全投资是战略互补关系。当企业之间进行信息共享时,每个企业都可以降低信息安全成本,提高自身的信息安全水平。为了促进企业间的信息安全共享,美国政府建立了 CERT 协调中心和 ISAC,我国也建立了一批信息安全监测、通报、预警、处置和宣传机构。

现有研究表明,企业对信息安全的投资具有显著的外部性,企业间信息资产的替代将直接影响黑客行为。对于黑客来说,有些企业间的信息资产是可以相互替代的,那么不管任何一个企业遭到信息泄露也会使其他企业遭受损失,所以在分析企业信息安全投资最优水平时需要考虑企业间的替代性。因此,如何分析黑客行为在外部性和替代性影响下对企业信息安全投资决策的影响是值得深入研究的。本章研究了信息资产替代企业间在单独决策下及联合决策下的信息安全投资决策问题。首先分别讨论企业在单独决策和联合决策下信息安全投资的最优投资决策,在此基础上讨论了企业规模、黑客入侵概率及企业间替代率对企业单独决策和联合决策下的安全投资水平影响。

其次，在对比多企业在单独决策和联合决策情况下的博弈均衡结果，得出2种情形下投资水平大小关系，并进行最优化分析。最后，设计了促进企业间进行联合决策的有效经济激励机制。

5.1 替代企业信息安全投资决策问题

由于黑客可以通过被劫持的主机攻击与其相连的主机，并且可以很容易地从一个更安全的目标转移到安全性较低的个体上。也就是说，企业的信息安全水平由企业在信息安全方面的投资所决定，并且在网络互连的情况下企业之间的信息安全水平会对其他企业产生影响，那么企业的信息安全投资具有显著的外部性[11-14]。在信息系统存在外部性的情况下，进行投资时必须考虑企业间的信息资产性质。如果黑客在成功入侵第一家企业之后，入侵第二家企业的增量收益低于黑客的成本，那么属于2家企业的信息资产是可以替代的[15]。因此，一旦成功入侵其中一家企业，并获得了企业的信息资产，黑客就会停止攻击。另外，若黑客攻击第一家企业失败后，将会导致黑客试图攻击第二家企业。通过以下2个例子[13-14]可以更好地理解企业间信息资产的替代性。

①黑客拥有窃取医院单点登录访问权限的技能，这种访问会泄露大量病患的私人处方资料。为了从这些信息中获取经济利益，黑客会使用窃取的信息向患者出售更便宜的未经批准的药物。例如，西安市有肿瘤科的三甲医院共有19家，而拥有类似信息资料的医院都有可能成为黑客的目标。

②宝洁和沃尔玛通过电子数据交换和卫星通信联网，通过这种连接宝洁公司除了能迅速知晓沃尔玛物流中心内的某商品库存情况外，还能及时了解该商品在沃尔玛店铺的销售量、库存量、价格等数据。如果黑客对获取这些销售信息感兴趣，那么成功地入侵到沃尔玛或宝洁的系统中就能实现这一目标。信息资产的这一特性极大地影响了黑客的动机，从而影响了企业的信息安全投资决策。

针对企业信息安全投资分析的基本问题，Anderson等[15]分析了在投资预算约束下企业信息安全的最优投资策略，Wang等[16]提出了一个简单而有效的基于概率的模型，可用于计算数据中心处于安全漏洞时，每个被保护资源不安全的概率和对每个安全保护设备的最优投资，Shirtz等[17]提出了一个优化投资决策的新框架，该框架假定企业可以提出解决既定安全问题的补救措施，

Cha 等[18]通过案例研究讨论了信息安全投资的价值，发现商业发展的安全投资往往比信息安全投资带来更高的回报。Bojanc 等[19]在企业信息安全风险定量分析和数字资产评估的基础上，提出了安全技术最优投资评估和决策模型。Huang 等[20]开发了一个固定预算信息安全投资分配的分析模型，研究发现，安全预算有限的公司更适合将大部分或全部投资用于防范某种类型的攻击，当信息系统高度互联且潜在损失相对较高时，管理者应集中精力进行安全投资，以防止有针对性的攻击。基于扎根理论，Dor 等[21]提出了一个概念模型，反映了几个行业组织信息安全投资的决策实践。Mayadunne 等[22]通过期望效用法分析了中小企业的信息安全投资决策，并将这些决策与风险中性公司的决策进行了比较。研究发现，风险投资者在进行投资决策时，倾向于优先考虑信息集的脆弱性。Li[23]研究了互补型企业的信息安全投资决策、企业薪酬机制、信息共享机制的设计，以保证社会信息安全的最优水平。企业需要平衡安全、成本、效益三者之间的关系，使整个系统的效益最大化，前人研究为企业信息安全投资决策的提取提供了研究背景和依据。

近年来，基于博弈论的信息安全投资研究层出不穷[24]。Cavusoglu 等[25-26]提出了一个综合模型来分析信息安全投资问题，他提出了基于博弈论来确定信息安全投资水平，并将其与决策理论在投资水平、脆弱性和投资收益方面进行比较。Bandyopadhyay 等[27]基于博弈论研究了网络安全漏洞和供应链整合对企业信息安全投资动机的影响。Wu 等[12]基于博弈论证明了关联企业针对目标攻击的最优安全投资水平不同于分布式攻击的最优安全投资水平。Wang 等[28]通过考虑投资收益分析了 2 种典型攻击类型的最优信息安全问题，他们基于演化博弈理论研究了互联企业如何选择投资策略。Gao 等[29]利用差分博弈探讨了在目标攻击下替代企业安全投资和信息共享的动态策略，在此基础上，2 家企业都可以通过内部定价机制影响其信息资产的价值。Qian 等[30]研究了企业信息安全投资博弈，并对纳什均衡解和最优解进行了理论和实验分析。Zhu 等[31]基于博弈论研究了在线社交网络中投资安全投资的可持续性。Ezhei 等[32]分析了企业对战略攻击者的安全投资相互依赖的影响，提出了网络企业间攻击者采取战略行动的差异博弈。这些研究为解决企业信息安全投资决策问题提供了方法参考。

在信息资产替代性质下，一个企业的信息安全水平能够直接影响其他企业的安全环境。Hausken[33]通过研究 2 个替代企业的信息安全投资决策及信息共享问题，引入了一个社会规划者，构建 2 个阶段博弈模型分析了企业的最优安全策略，研究表明一个企业提升自身的信息安全投资水平能够使黑客转而攻击其他企业。Bandyopadhyay 等[34]认为在信息资产能够互相替代的企业中，黑客会攻击脆弱性高或高资产价值的企业。因此，研究替代企业的信息安全投资决策问题有一定的现实意义。另外，现有文献通过分析影响因素对投资决策的影响进而得出最优策略。Gao 等[35]考虑了黑客行为并分析其对替代企业信息安全投资决策的影响，这与前文中影响企业信息安全投资决策因素的关系结构分析相符，黑客行为能够直接影响企业信息安全技术水平及企业信息安全行为，从而影响企业的信息安全投资决策。

由于企业信息资产的替代程度能够影响黑客入侵概率进而影响企业期望成本的大小，因此在第四章的基础上，将"企业信息资产替代率"考虑进替代企业信息安全投资决策模型，并考虑企业规模及黑客入侵概率的影响，对替代企业群体在单独决策和联合决策情况下的信息安全投资水平进行分析，通过对比提出促进企业进行联合决策的信息共享机制，最后进行算例分析并提出相应的管理启示。

5.2 替代企业信息安全投资决策模型

在模型中，考虑 $n(n>2)$ 个替代企业之间在非合作和合作情况下信息安全投资决策问题。表 5.1 为本章涉及的变量及参数。

表 5.1　第五章变量及参数说明

参数	说明
n	替代企业群体中的企业数量
V	替代企业群体的信息系统被黑客成功入侵后单个企业遭受的损失
φ	替代企业间的替代率
p_I	企业 $I(I=1,2,\cdots,n)$ 被黑客直接攻击成功概率
δ	黑客入侵概率
v	没有进行信息安全投资时黑客直接入侵成功概率
x_I	企业 $I(I=1,2,\cdots,n)$ 的信息安全投资额
β	企业的信息安全投资效率
C_I	企业 $I(I=1,2,\cdots,n)$ 的期望成本

与第四章类似，企业信息系统被黑客直接成功入侵的概率与3个参数有关，可将企业被黑客成功入侵的概率表示为 $p(\delta, v, x)$，其中 $\delta(0 < \delta < 1)$ 为黑客入侵概率；$v(0 < v < 1)$ 是企业没有进行信息安全投资时的直接被黑客成功入侵概率，主要由信息系统的配置决定[36]；x 为信息安全投资额。同样地，黑客成功入侵企业信息系统的概率函数可以表示为

$$p_I = P(x_I) = \delta v^{\beta x_I + 1},$$

其中，β 为企业的信息安全投资效率。

在企业信息资产替代的情况下，当一个企业的信息系统被黑客成功入侵时，那么黑客将会缺乏动力去入侵其他企业，但如果入侵失败，黑客会根据企业之间的替代率而决定是否去入侵其他企业。

假设替代企业之间的替代率为 φ，$\varphi \in [0, 1]$；替代企业群体信息系统被黑客成功入侵时，每个企业的损失为 V。假设所有企业风险中立，企业 $I(I = 1, 2, \cdots, n)$ 的信息安全投资额为 x_I，初始投资额为 0。若替代企业群体中的其他企业都没有被黑客入侵成功，并且黑客会根据企业间的替代率决定是否去入侵企业 1，那么企业 1 被黑客成功入侵的概率如下：

$$P_1 = p_1 + \varphi p_1 \prod_{n=2}^{N} (1 - p_n), \tag{5-1}$$

其中，p_1 为企业 1 被黑客直接攻击成功的概率，$\varphi p_1 \prod_{n=2}^{N} (1 - p_n)$ 为黑客攻击其他企业失败后转向成功入侵企业 1 的概率。

5.3　单独决策下企业信息安全投资决策

本节分析 $n(n > 2)$ 个替代企业在企业单独决策时的均衡策略，企业 1 被黑客成功入侵的概率为

$$p_1 + \varphi p_1 \prod_{n=2}^{N} (1 - p_n)。$$

企业的目标是最小化其期望成本，那么企业 1 的目标函数为：

$$\min C_{IN} = [p_1 + \varphi p_1 \prod_{n=2}^{N} (1 - p_n)]V + x_1, \tag{5-2}$$

由公式（5-2）可得

$$\frac{\partial C_{IN}}{\partial x_1} = \delta\beta V v^{\beta x_1+1}(\ln v)\left[1 + \varphi\prod_{n=2}^{N}(1-p_n)\right] + 1, \quad (5-3)$$

$$\frac{\partial^2 C_{IN}}{\partial x_1^2} = \delta\beta^2 V v^{\beta x_1+1}(\ln v)^2\left[1 + \varphi\prod_{n=2}^{N}(1-p_n)\right]. \quad (5-4)$$

由公式（5-4）可知，$\frac{\partial^2 C_{IN}}{\partial x_1^2} > 0$，当公式（5-3）为 0 时，即

$$\delta\beta V v^{\beta x_1+1}(\ln v)\left[1 + \varphi\prod_{n=2}^{N}(1-p_n)\right] + 1 = 0,$$

时，关于各企业最优信息安全投资额，可得引理 5.1。

引理 5.1 当替代企业群体中各企业单独决策时，各企业的最优投资额为 x_{IN}^*，其中 x_{IN}^* 满足

$$x_{IN}^* = \frac{-\ln\left\{-\delta\beta v V(\ln v)\left[1 + \varphi\prod_{n=2}^{N}(1-p_n(x_{IN}^*))\right]\right\}}{\beta\ln v}.$$

基于上文给出的替代企业群体中各企业最优安全投资额，可分析企业数量、黑客直接入侵概率及企业替代率对企业最优安全投资的影响。由于替代企业群体中各企业安全投资额相等，那么各企业被黑客直接入侵成功的概率也相等。由引理 5.1 可知 x_{IN}^* 满足

$$\delta\beta V v^{\beta x_{IN}^*+1}(\ln v)\left[1 + \varphi\prod_{n=2}^{N}(1-p_n(x_{IN}^*))\right] + 1 = 0.$$

又因为

$$\frac{\prod_{n=2}^{N}(1-p_{n+1})}{\prod_{n=2}^{N}(1-p_n)} = 1 - p_{n+1} < 1,$$

那么 $\prod_{n=2}^{N}(1-p_n)$ 会随着企业数量增大而减少。对于企业 I 来说，为满足

$$\delta\beta V v^{\beta x_I+1}(\ln v)\left[1 + \varphi\prod_{n=2}^{N}(1-p_n(x_I))\right] + 1 = 0, \quad p(x_I) = \delta v^{\beta x_I+1},$$

的值需增大，那么替代企业群体中各企业会降低其信息安全投资额。由此可得定理 5.1。

定理 5.1 替代企业群体中各企业单独决策时，其最优信息安全投资额 x_{IN}^* 与企业数量 n 呈负相关关系。当企业数量

$$n = \frac{\ln\left(\frac{-1+\delta\beta Vv\ln v}{\varphi\delta\beta Vv\ln v}\right)}{\ln(1-\delta v)} + 1,$$

时，企业最优投资额 x_{IN}^* 为零。

定理 5.1 说明在企业单独决策时，企业的最优信息安全投资额会随着企业数量的增加而减少，由于替代企业在单独决策时会造成投资过度，而企业数量的增加能够纠正这种现象，但企业数量存在一个临界值，当企业数量大于这一临界值时，企业的投资额为零，此时企业没有必要进行投资。例如，西安市有肿瘤科的三甲医院共有 19 家，而有骨肿瘤科的有第四军医大学西京医院、空军军医大学唐都医院及西安市红会医院这 3 家医院，那么在单独决策的情况下，各医院可根据有骨肿瘤科医院的数量对医院信息安全方面进行适当投资，从而避免过度投资造成的资源浪费。通过分析替代企业在单独决策时信息安全最优额与黑客直接入侵概率可得定理 5.2。

定理 5.2 对任意黑客入侵概率 $\delta \in (0,1)$，当替代企业群体中各企业单独决策时，企业间最优信息安全投资额 x_{IN}^* 单调递增，即 $\dfrac{\mathrm{d}x}{\mathrm{d}\delta} > 0$。

定理 5.2 说明替代企业群体中各企业单独决策时，企业间最优信息安全投资额随着替代企业间黑客直接入侵概率的增加而增加。与互补企业不同，随着黑客入侵概率的增加，替代企业群体会面临更多的风险及更大的损失，此时企业会通过加大自身在信息安全方面的投入来提高自身的信息安全水平，以此来降低黑客入侵概率，那么黑客可能会在权衡收益后转而去攻击其他具有相似信息资产的企业。

定理 5.3 对任意替代企业间替代率 $\varphi \in (0,1)$，当替代企业群体中各企业单独决策时，企业间最优信息安全投资额 x_{IN}^* 单调递增，即 $\dfrac{\mathrm{d}x}{\mathrm{d}\varphi} > 0$。

定理 5.3 说明替代企业群体中各个企业在单独决策的情况下，其最优信息安全投资额随着替代企业间替代率的增加而增加。当替代率高时，如西安市有骨肿瘤科的 3 家医院应加强在信息安全方面的合作，当替代率在一个较低水平，如一些不同医学专业的专科医院之间可通过降低其信息安全方面的投入来降低期望成本。接下来，分析企业在联合决策下的企业信息安全投资决策。

5.4 联合决策下企业信息安全投资决策

本节分析替代企业群体中所有企业在联合决策情况下的最优投资策略，最小化所有企业的期望成本是企业群体的目标，那么企业群体的目标函数为：

$$\min C_{LN} = [p + \varphi p \prod_{n=2}^{N}(1-p_n)]nV + nx, \quad (5-5)$$

由公式（5-5）可得

$$\frac{\partial C_{LN}}{\partial x} = \delta\beta n V v^{\beta x+1}(\ln v)[1 + \varphi \prod_{n=2}^{N}(1-p_n)] + n, \quad (5-6)$$

$$\frac{\partial^2 C_{LN}}{\partial x^2} = \delta\beta^2 n V v^{\beta x+1}(\ln v)^2[1 + \varphi \prod_{n=2}^{N}(1-p_n)] \, . \quad (5-7)$$

由公式（5-7）可知，$\frac{\partial^2 C_{LN}}{\partial x^2} > 0$，当公式（5-6）为 0 时，即

$$\delta\beta n V v^{\beta x+1}(\ln v)[1 + \varphi \prod_{n=2}^{N}(1-p_n)] + n = 0,$$

时，关于企业最优信息安全投资额，可得引理 5.2。

引理 5.2 当替代企业群体中的所有企业联合决策时，其最优信息安全投资额为 x_{LN}^*，其中 x_{LN}^* 满足

$$x_{LN}^* = \frac{\ln\frac{v}{n} - \ln\{-\delta\beta n V(\ln v)[1 + \varphi \prod_{n=2}^{N}(1-p_n(x_{LN}^*))]\}}{\beta \ln v} \, .$$

基于上文给出的替代企业联合决策最优安全投资额，可分析企业数量、黑客直接入侵概率及企业间替代率对企业联合决策最优安全投资额的影响。

定理 5.4 当企业损失

$$V > \frac{-1}{p' + \varphi p' \prod_{n=2}^{N}(1-p_n)},$$

时，

$$\frac{dx}{dn} < 0,$$

替代企业群体联合决策时，其最优信息安全投资额 x_{LN}^* 与企业数量 n 呈负相

关关系。

定理 5.4 说明企业在联合决策时,当企业损失大于某一临界值时,企业的最优信息安全投资额随着替代企业群体中企业数量的增加而减少。由定理 5.1 和定理 5.4 可知,替代企业群体中各企业不管是单独决策还是联合决策,其最优信息安全投资额随着企业数量的增加而减少,企业的期望成本也会随之减少,直至企业数量到达一个阈值,当企业数量超过阈值时,企业最优投资额为零,此时没有必要进行投资。关于替代企业间黑客直接入侵概率及企业替代率对最优安全投资额的影响,可得到定理 5.5 和定理 5.6。

定理 5.5 对任意黑客入侵概率 $\delta \in (0, 1)$,当替代企业群体中各企业联合决策时,

$$\frac{dx}{d\delta} > 0 ,$$

企业间最优信息安全投资额 x_{LN}^* 单调递增。

定理 5.5 说明替代企业群体中各企业联合决策时,其最优信息安全投资额随着替代企业间黑客直接入侵概率的增加而增加。由定理 5.2 和定理 5.5 可知,企业不管在单独决策还是联合决策下,最优投资额随黑客入侵概率的增加而增大,又由于单独决策下的企业的最优投资额始终大于联合决策下的最优投资额。那么企业在单独决策情况下,黑客入侵概率的增大意味着企业会承担更大的安全风险,而企业在联合决策时能够降低这种风险。因此,如果替代企业能够在信息安全方面进行联合决策,能够保持相对较高的信息安全水平并解决在单独决策时投资过度的问题。

定理 5.6 对任意企业替代率 $\varphi \in (0, 1)$,当替代企业群体中各企业联合决策时,企业间最优信息安全投资额 x_{LN}^* 单调递增,即 $\frac{dx}{d\varphi} > 0$。

定理 5.6 说明替代企业群体中各企业在联合决策情况下,随着替代企业间替代率的增加,其最优信息安全投资额也随之增加。企业替代率意味着企业信息资产的替代程度,对企业的信息安全投资决策起着重要作用。由定理 5.3 和定理 5.6 可知,不管在企业单独决策还是联合决策下,企业最优信息安全投资额随黑客入侵概率的增加而增加。但企业在联合决策时能降低企业群体的期望成本,那么当企业替代率高时,企业应加强企业间在信息安全方面的合作,当企业替代率在一个较低水平,企业可通过降低其信息安全方面的投入来降低期望成本。

定理 5.4—定理 5.6 证明了在企业联合决策时，最优投资额会随着企业规模、企业间一次传播概率及企业替代率的变化情况，与企业单独决策时的变化趋势相同。下面对企业在单独决策和联合决策时企业信息安全投资水平进行最优化分析并设计相应的协同机制。

5.5 最优化分析与协同机制的设计

5.5.1 最优化分析

根据 x_{IN}^* 和 x_{LN}^* 的值，比较替代企业在单独决策和联合决策时的最优投资额和期望成本，显然替代企业群体单独决策时各企业的最优投资额高于企业联合决策时的最优投资额，可得定理 5.7。

定理 5.7 当企业损失

$$V > \frac{-1}{p' + \varphi p' \prod_{n=2}^{N}(1-p_n)},$$

时，

$$\frac{\partial C_{IN}}{\partial x} > 0,$$

且企业联合决策时的最优信息安全投资额 x_{LN}^* 小于企业单独决策时的最优投资额 x_{IN}^*，那么企业联合决策时的期望成本 C_{LN}^* 小于企业单独决策时的期望成本 C_{IN}^*。

定理 5.7 说明替代企业群体中企业单独决策最优投资额高于联合决策最优投资额，且联合决策的期望成本低于企业单独决策时的期望成本。在企业单独决策时，如果替代企业群体中任一企业增加信息安全方面的投入，会降低黑客成功入侵该企业的可能性，那么会增加黑客转而攻击其他企业的概率，在这种情况下，会增加其他企业在信息安全方面的投资，从而降低黑客的入侵概率。也就是说，替代企业群体间的替代关系隐含着企业群体间的竞争性，从而导致企业群体在信息安全方面的过度投资。

替代企业群体单独决策时各企业的最优投资额高于企业联合决策时的最优投资额，且企业协同决策的期望成本低于企业单独决策时的期望成本。因此，当替代企业群体中各个企业独立决策时，企业只考虑自身利益，反而会导致企业群体在信息安全方面的过度投资。若企业群体进行协同决策，企业间联合决策的最优投资额可节约成本并减少总体。因此，为了促使企业间进行联合决策，需要设计协同企业决策的信息共享机制。

5.5.2 协同机制的设计

定理 5.7 表明在联合决策情况下，替代企业群体中各企业能够在信息安全投资方面节约成本。因此，为了使企业群体达到其社会最优投资水平，有必要通过一定的协同机制来促进企业间的合作。一个可行的方法是通过信息共享机制来影响企业的信息安全投资水平，从而能够解决过度投资问题。

假设企业在进行信息安全共享时不考虑信息泄露的风险，一个企业能够从替代群体中的其他企业获得安全信息，那么其他企业的信息安全投资将会与该企业共享，也就是说，企业 1 将会从其他企业获得 $\theta \sum_{n=2}^{N} x_n$ 的信息安全方面的投资，其中 θ 表示企业 1 与其他企业在信息安全方面的信息共享率。

若替代企业群体的信息安全投资与其他企业共享，那么企业 i 将会从其他企业获得 $\theta \sum_{n=2}^{N} x_n$ 的信息安全方面的投资。在此信息共享机制下，企业 i 的目标函数为：

$$\min C_{TS} = \left[p_i\left(x_i + \theta \sum_{n=2}^{N} x_n\right) + \varphi p_i\left(x_i + \theta \sum_{n=2}^{N} x_n\right) \prod_{n=2}^{N} \left(1 - p_n\left(x_i + \theta \sum_{n=2}^{N} x_n\right)\right) \right] V + x_i, \quad (5-8)$$

由公式（5-8）可得企业在信息共享机制下的最优信息安全投资额为

$$x_{TS}^* = \frac{\theta \ln \frac{v}{n} - \ln\left\{-\delta \beta n V(\ln v)\left[1 + \varphi \prod_{n=2}^{N}(1 - p_n)\right]\right\}}{\beta \ln v},$$

通过与企业单独决策时的最优信息安全投资额相比，可得 $x_{TS}^* < x_{IN}^*$，那么企业在信息共享机制下的最优信息安全投资额小于企业单独决策时的最优信息安全投资额。接下来比较企业在信息共享机制下和企业单独决策时的期望成本。当 V 满足

$$V > \frac{-1}{p' + \varphi p' \prod_{n=2}^{N}(1 - p_n)},$$

时, $\frac{\partial C_{TS}}{\partial x} > 0$, 那么

$$C_{TS}(x_{TS}^*) < C_{TS}(x_{IN}^*),$$

即在企业信息共享机制下的期望成本小于企业单独决策时的期望成本。那么, 在企业信息共享机制下, 替代企业群体中各企业不但能够减少信息安全投资额, 而且能够减少其期望成本, 由此可得定理 5.8。

定理 5.8 在信息共享机制下, 当企业损失

$$V > \frac{-1}{p' + \varphi p' \prod_{n=2}^{N}(1-p_n)},$$

时,

$$\frac{\partial C_{TS}}{\partial x} > 0,$$

且企业的最优信息安全投资额 x_{TS}^* 小于企业单独决策时最优投资额 x_{IN}^*, 那么企业的期望成本 $C_{TS}(x_{TS}^*)$ 小于企业单独决策时的期望成本 $C_{TS}(x_{IN}^*)$。

定理 5.8 说明替代企业群体中各企业不但能够减少信息安全投资额, 而且能够减少其期望成本, 是一种有效的经济激励措施。由此可推断出在信息共享机制下的替代企业群体中各企业最优投资额与企业替代率及信息共享效率之间的关系。由于

$$\frac{\mathrm{d}x_{TS}}{\mathrm{d}\varphi} = -\frac{\prod_{n=2}^{N}(1-p_n)}{\beta \ln v \left[1 + \varphi \prod_{n=2}^{N}(1-p_n)\right]} > 0,$$

那么随着企业替代率的增加, 替代企业群体中各企业的最优投资额会随之增加。由于

$$\frac{\mathrm{d}x_{TS}}{\mathrm{d}\varphi} = -\frac{\ln \frac{v}{n}}{\beta \ln v} < 0,$$

那么替代企业的最优投资额会随着企业信息共享效率的提高而减少, 可得定理 5.9。

定理 5.9 在信息共享机制下, 对于任意企业替代率 $\varphi \in (0,1)$, 替代企业群体中各企业最优投资额 x_{TS} 单调递增; 对于任意信息共享效率 $\theta \in (0,1)$, 替代企业群体中各企业最优投资额 x_{TS} 单调递减。

定理5.9说明替代企业群体中各企业最优投资额会随着企业替代率的增加而增加,并且会随着替代企业间信息共享效率的提高而减少。在信息共享机制下,当$\theta=0$时,$x_{TS}^*=x_{IN}^*$;当$\theta=1$时,$x_{TS}^*=x_{LN}^*$。也就是说,当信息共享效率为0时,企业信息安全最优投资额等于企业单独决策时的投资额;当信息共享效率为1时,企业信息安全最优投资额达到了社会最优投资水平。

在信息共享机制下,替代企业的最优信息安全投资额小于企业单独决策时的最优信息安全投资额,且其期望成本小于企业单独决策时的期望成本。替代企业群体中各企业最优投资额会随着替代企业间信息共享效率的提高而减少,当企业间充分共享时,企业信息安全最优投资额达到了社会最优投资水平。因此,信息共享机制是一种有效的经济激励机制。

5.6 仿真实验

本小节中,我们通过仿真实验来实现以下几个目标:①分析黑客入侵概率δ、企业替代率φ及企业数量n增加时,信息安全投资额最优解的变化趋势;②比较分析企业单独决策和联合决策时的最优投资额及期望成本的关系;③评估企业信息共享效率θ对最优投资额的影响。

首先,为了验证替代企业在单独决策和联合决策下黑客入侵概率δ对企业最优投资额的影响,可通过一组数值实验来实现。参数设置如下:$\beta=0.1$,$v=0.5$,$V=200$,$\delta=0.1$,0.2,$\cdots$,1,$\varphi=0.1$,0.2,$\cdots$,1,$n=3$,4,$\cdots$,9。实验结果如图所示,图5.1和图5.2表明企业最优投资额随着黑客入侵概率及企业替代率的增加而增大,且联合决策下的投资额始终大于单独决策下的投资额,这与定理5.2、定理5.3、定理5.5和定理5.6相符。

图5.3反映了企业数量对替代企业单独决策和联合决策下的信息安全投资额的影响,能够看出随着企业数量的增加,企业最优投资额会随之减少,因此符合定理5.1和定理5.4。基于仿真结果能够发现最优投资额随企业数量增加的变化趋势性质。当δ和φ取一定值时,最优安全投资额随n的增加而减少直到n达到阈值。n达到阈值前,企业数量增加,替代企业中各企业最优投资额随之减少,此时增加企业数量能够减少投资额;当n超过阈值时,企业最优投资额为零,此时没有必要进行投资。

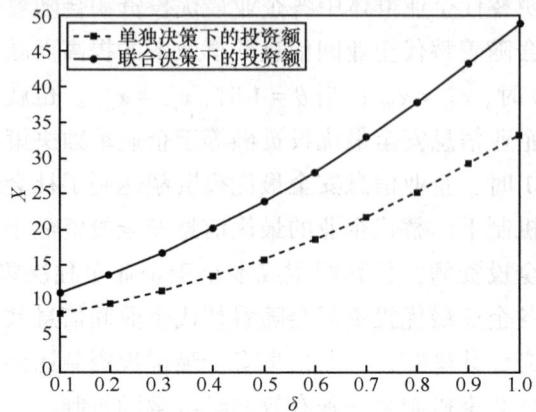

图 5.1 δ 对替代企业单独决策与联合决策下的安全投资额的影响 ($\varphi = 0.5$, $n = 3$)

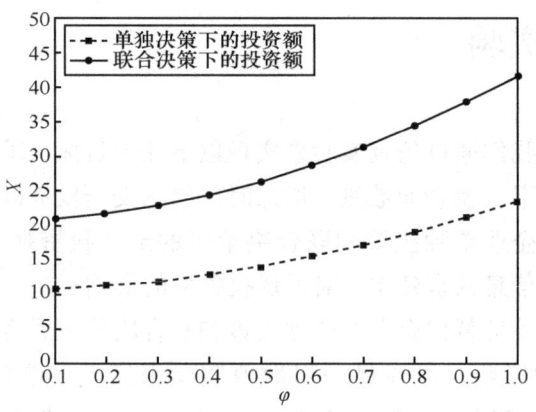

图 5.2 φ 对替代企业单独决策与联合决策下的安全投资额的影响 ($\delta = 0.5$, $n = 3$)

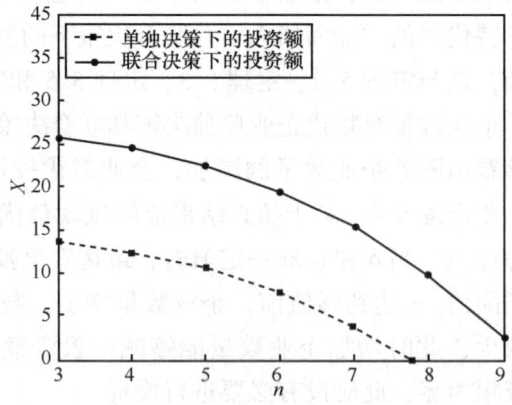

图 5.3 n 对替代企业单独决策与联合决策下的安全投资额的影响 ($\delta = 0.5$, $\varphi = 0.5$)

其次，比较替代企业在单独决策和联合决策下，企业的信息安全投资额和期望成本的关系，由图 5.4 可以看出在单独决策情况下，随着企业在信息安全方面投资的增加，替代企业的期望成本会随之增大，在联合决策情况下，企业的期望成本会随着信息安全投资的增加而减少，且企业在联合决策下期望成本低于企业单独决策时的期望成本，因此企业在单独决策下会造成投资过度。符合定理 5.7。最后，图 5.5 反映了信息共享效率 θ 对替代企业安全投资额的影响，在企业信息共享机制下，企业投资额随着信息共享效率 θ 的增加而减少，符合定理 5.9。

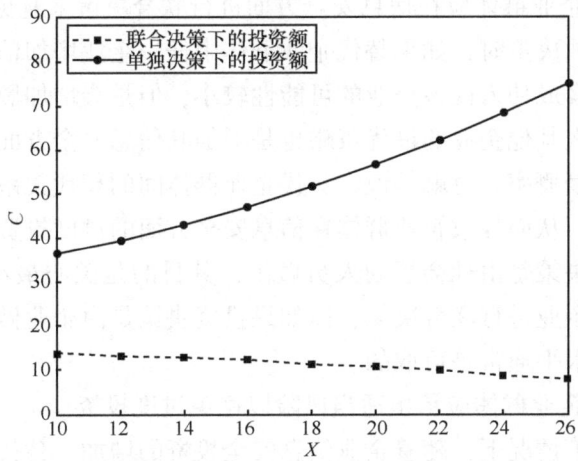

图 5.4　替代企业不同投资额下的单独决策与联合决策下的期望成本

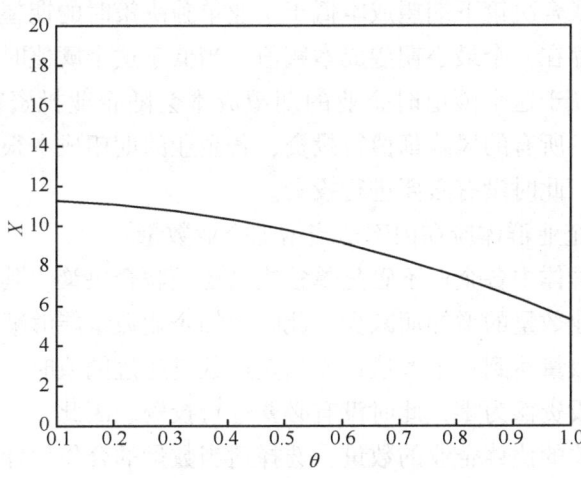

图 5.5　θ 对替代企业安全投资额的影响

5.7 管理启示

本章研究了替代企业信息安全投资决策相关问题，在考虑了企业数量、黑客入侵概率及企业替代率对替代企业群体在信息安全投资决策影响的基础上，通过最优化分析，设计了有效的协同机制。由研究结果可得到以下管理启示。

（1）替代企业群体应在信息安全方面进行联合决策来避免过度投入

在企业单独决策时，如果替代企业群体中任一企业增加信息安全方面的投入，那么黑客成功入侵该企业的可能性较小，但是会增加黑客攻击其他企业的概率，那么其他企业的最优策略也是增加其信息安全方面的投资，从而降低黑客的入侵概率。也就是说，替代企业群体间的替代关系隐含着企业群体间的竞争性，从而导致企业群体在信息安全方面的过度投资。在这种情况下，如果投资决策是由社会规划人员做出，其目的是关心最小化社会成本，那么将会建议企业进行联合决策，但如果投资决策是由企业做出，那么降低信息安全投入水平通常是可取的。

（2）替代企业群体应承担适当风险以避免过度投资

在单独决策情况下，随着企业信息安全投资的增加，替代企业的期望成本会随之增大，在联合决策情况下，其期望成本随信息安全投资的增加而减少，且企业在联合决策下期望成本低于企业单独决策时的期望成本。在企业联合决策时，存在一个最小期望成本阈值，当低于这个阈值时企业没有必要进行投资，当高于这个阈值时企业的期望成本会随企业投资额的增加而增加。因此，不是所有的风险都值得投资，若企业的期望成本很小，企业应承担一定的风险，此时没有必要进行投资。

（3）替代企业群体应在内部适当增加企业数量

替代企业群体中各企业不管是单独决策还是联合决策，其最优信息安全投资额随着企业数量的增加而减少，此时增加企业数量能够减少投资额，直到替代企业的数量达到一个阈值；而当企业数量超过阈值时，企业在信息安全方面的最优投资额为零，此时没有必要进行投资。因此，企业需明确与自身信息系统相关的伙伴企业的数量，选择适当数量的合作伙伴。

(4) 替代企业群体在信息安全方面的投资决策应充分考虑企业替代程度

企业信息资产的替代程度对企业的信息安全投资决策起着重要作用,当企业替代率高时,企业应加强企业间在信息安全方面的合作,当企业替代率在一个较低水平时,企业可通过降低其信息安全方面的投入来降低期望成本。

(5) 政府及相关部门应建立信息共享机制来避免企业过度投资

在信息共享机制下,替代企业群体中各企业最优投资额会随着企业替代率的增加而增加,且随着企业信息共享效率的提高而减少。在信息共享机制下,替代企业群体中各企业不但能够减少信息安全投资额,而且能够减少其期望成本,纠正企业的过度投资,是一种有效的经济激励措施。

在信息资产替代性质下,一个企业的信息安全水平能够直接影响其他企业的安全环境,"外部性""替代性"使得在信息安全投资决策过程中黑客及企业行为更加复杂。由于企业信息资产的替代程度能够影响黑客入侵概率进而影响企业期望成本的大小,因此在第四章的基础上,将"企业信息资产替代率"考虑进替代企业信息安全投资决策模型,并考虑企业数量及黑客入侵概率的影响,对替代企业群体在单独决策和联合决策情况下的信息安全投资水平进行分析,并通过最优化分析提出有效的协同机制。为解决"外部性""替代性"导致的信息安全投资决策过程中黑客及企业行为描述问题提供了新的解决思路。

参考文献

[1] YPÉREZ-MÉNDEZ J A, MACHADO-CABEZAS Á. Relationship between management information systems and corporate performance[J]. Revista de contabilidad, 2015, 18(1): 32-43.

[2] ÇAKANYLDRM M, YUE W T, RYU Y U. The management of intrusion detection: configuration, inspection, and investment[J]. European journal of operational research, 2009, 195(1): 186-204.

[3] HAMILL J T, DECKRO R F, JR J M K. Evaluating information assurance strategies[J]. Decision support system, 2005, 39(3): 463-484.

[4] YUE W T, ÇAKANYLDRN M, RYU Y U, et al. Network externalities, layered protection and IT security risk management[J]. Decision Support System, 2008, 44(1): 1-16.

[5] CAVUSOGLU H, MISHRA B, RAGHUNATHAN S. The value of intrusion detection systems in information technology security architecture[J]. Information system research, 2005, 16(1): 28-46.

[6] DOR D, ELOVICI Y. A model of the information security investment decision-making process[J]. Computers & security, 2016, 63: 1-13.

[7] FENG N, WANG H J, LI M. A security risk analysis model for information systems: causal relationships of risk factors and vulnerability propagation analysis[J]. Information sciences, 2014, 256(1): 57-73.

[8] QIAN X F, LIU X B, PEI J, et al. A game-theoretic analysis of information security investment for multiple firms in a network[J]. Journal of operational research society, 2017, 68(10): 1290-1305.

[9] CHEN Z, DU W B, CAO X B, et al. Cascading failure of interdependent networks with different coupling preference under targeted attack[J]. Chaos, solitons & fractals, 2015, 80: 7-12.

[10] PENG H, ZHAO D D, HAN J M, et al. Invulnerability of grown Peer-to-Peer networks under progressive targeted attacks[J]. Physica A, 2015, 428: 60-67.

[11] GORDON L A, LOEB M P. The economics of information security investment[J]. ACM transactions on information & system security, 2002, 5(4): 438-457.

[12] WU Y, FENG G Z, WANG N M, et al. Game of information security investment: Impact of attack types and network vulnerability[J]. Expert systems with applications, 2015, 42

(15/16): 6132-6146.

[13] GREAN M, SHAW M J. Supply-chain partnership between P&G and Wal-Mart[M]//IE-Business management. integrated series in information systems, Berlin: Springer, 2002.

[14] BANDYOPADHYAY T, LIU D, MOOKERJEE V S, et al. Dynamic competition in IT security: a differential games approach[J]. Information system frontiers, 2014, 16(4): 643-661.

[15] ANDERSON E E, CHOOBINEH J. Enterprise information security strategies[J]. Computers & security, 2008, 27(1): 22-29.

[16] WANG S L, CHEN J D, STIRPE P A, et al. Risk-neutral evaluation of information security investment on data centers[J]. Journal of intelligent information systems, 2011, 36(3): 329-345.

[17] SHIRTZ D, ELOVICI Y. Optimizing investment decisions in selecting information security remedies[J]. Information management & computer security, 2011, 19(2): 95-112.

[18] CHA S M, KIM M, RAO H R. Firms' information security investment decisions: Stock market evidence of investors' behavior[J]. Decision support system, 2011, 50(4): 651-661.

[19] BOJANC R, JERMAN-BLAZIC B, TEKAVCIC M. Managing the investment in information security technology by use of a quantitative modeling[J]. Information processing & management, 2012, 48(6): 1031-1052.

[20] HUANG C D, BEHARA R S. Economics of information security investment in the case of concurrent heterogeneous attacks with budget constraints[J]. International journal of production economics, 2013, 141(1): 255-268.

[21] DOR D, ELOVICI Y. A model of the information security investment decision-making process[J]. Computers & security, 2016, 63: 1-13.

[22] MAYADUNNE S, PARK S. An economic model to evaluate information security investment of risk-taking small and medium enterprises[J]. International journal of production economics, 2016, 182: 519-530.

[23] LI X T. Decision making of optimal investment in information security for complementary enterprises based on game theory[J]. Technology analysis & strategic management, 2021, 33(7): 755-769.

[24] FUDENBERG D, TIROLE J. Game theory[M]. Cambridge: MIT press, 1993

[25] CAVUSOGLU H, MISHRA B, RAGHUNATHAN S. A model for evaluating IT security investments[J]. Communications of the ACM, 2004, 47(7): 87-92.

[26] CAVUSOGLU H, RAGHUNATHAN S, YUE W T. Decision-theoretic and game-theoretic approaches to IT security investment[J]. Journal of management information systems,

2008, 25(2): 281-304.

[27] BANDYOPADHYAY T, JACOB V, RAGHUNATHAN S. Information security in networked supply chains: impact of network vulnerability and supply chain integration on incentives to invest[M]. Hague: Kluwer Academic Publishers, 2010.

[28] WANG Q, ZHU J M. Optimal information security investment analyses with the consideration of the benefits of investment and using evolutionary game theory[C] // 2nd International Conference on Information Management (ICIM), 2016, 46: 105-109.

[29] GAO X, ZHONG W J. A differential game approach to security investment and information sharing in a competitive environment[J]. IIE transactions, 2016, 48(6): 511-526.

[30] QIAN X F, LIU X B, PEI J, et al. A game-theoretic analysis of information security investment for multiple firms in a network[J]. Journal of operational research society, 2017, 68(10): 1290-1305.

[31] ZHU G, LIU H, FENG M N. Sustainability of information security investment in online social networks: An evolutionary game-theoretic approach[J]. Mathematics, 2019, 6: 177-183.

[32] EZHEI M, LADANI B T. Interdependency analysis in security investment against strategic attacks[J]. Information system frontiers, 2020, 22(1): 187-201.

[33] HAUSKEN K. Information sharing among firms and cyber attacks[J]. Journal of accounting & public policy, 2007, 26(6): 639-688.

[34] BANDYOPADHYAY T, LIU D, MOOKERJEE V S, et al. Dynamic competition in IT security: a differential games approach[J]. Information system frontiers, 2014, 16(4): 643-661.

[35] GAO X, ZHONG W J, MEI S. A differential game approach to information security investment under hackers′ knowledge dissemination[J]. Operations research letters, 2013, 41(5): 421-425.

[36] HUANG C D, HU Q, BEHARA R S. An economic analysis of the optimal information security investment in the case of a risk-averse firm[J]. International journal of production economics, 2008, 114(2): 793-804.

第六章 弱关联企业信息安全投资演化博弈

企业信息化的深入及电子商务的广泛应用,保障了企业之间信息资源的交流,但由此也产生了安全的负效应,从而加剧了企业信息安全面临的威胁[1-2]。2017年5月12日,全球爆发大规模WannaCry勒索病毒感染,导致150个国家至少30万台计算机受到攻击,严重影响政府管理部门、金融、能源、医疗等行业,造成严重的危机管理问题。2018年3月,Facebook的服务器遭受黑客攻击,导致大量数据泄露,5000万个账户受到影响;2019年3月,黑客组织利用勒索病毒对我国部分政府部门和医院等公立机构展开邮件攻击;2020年上半年,信息安全防护能力较弱的市政、医疗、制造行业成为黑客攻击的重灾区,而新冠肺炎疫情期间对医疗机构的攻击更是危害巨大,包括欧洲最大的私人医院运营商Fresenlus都曾遭受勒索软件攻击。从以上信息安全的典型事件可以看出,目前世界范围内信息安全问题已经不仅仅影响单个企业或者行业利益,而且还影响社会稳定和国家安全,从而导致信息安全防御的需求越来越迫切。

不同于互补企业及替代企业间信息资产的强关联关系,参与信息安全信息共享平台的企业间的信息资产是弱关联关系,其弱关联及不可比的特性使得企业在信息安全投资决策过程中面临新的难题。本章研究了基于信息共享平台的弱关联企业信息安全投资决策问题,并对信息安全共享平台企业信息共享的动态演化及其影响因素进行分析,系统地探讨了各影响因素对平台企业信息共享演化路径的影响,这对于提高信息共享平台效率,提升信息安全投资收益率,提高公共信息安全水平有重要意义。

6.1 弱关联企业信息安全投资决策问题

由于信息安全投资和信息共享实际上是战略互补的关系,企业可以通过信息共享减少信息安全方面的投入,从而把节省的这部分投入使用在企业的核心项目上。Gal-Or 等[3]也指出虽然企业可通过增加信息安全方面的投入来提高信息安全水平,但企业通过合理的配置及信息共享,能够进一步提高企业的投资回报率。为此,美国联邦政府建立了以信息技术、供应链、航空、电力、金融服务、房地产、运输、国防工业基地、公共交通等行业为基础的信息共享分析中心。在信息技术分析中心,互联网企业的自建行业和自律组织是对信息安全信息共享的探索。该中心提供一个论坛,能够让所有成员通过与其他成员企业的同行交流,了解和分享缺陷和威胁的秘密信息。中国在 2009 年建设了国家信息安全漏洞共享平台,该平台是由中国国家互联网应急中心、国家信息技术安全研究中心与一些主要的国内安全公司、软件厂商及相关互联网公司共同建设。该举措提高了预防安全漏洞的整体水平和应急响应能力,保障了我国用户网络信息安全。异常信息上报后,如果再现异常现象,国家互联网应急中心将组织国家漏洞数据库成员单位进行漏洞分析和验证。在验证漏洞信息后,平台将根据漏洞发布策略有选择地发布漏洞信息。国家互联网应急中心对漏洞信息采用分层披露策略,包括漏洞基本信息、漏洞修复信息和漏洞详细信息。实际上,在向公众发布漏洞信息时,只发布能够帮助信息系统用户采取安全防范措施的基本信息和防范措施。这一举措对提高我国应急响应能力和整体安全漏洞研究水平,保护平台所有参与者的信息安全有着很重要的意义。

关于信息安全的问题始于 Shapiro 等的研究,Shapiro[4]研究了竞争公司之间是否可以共享关于获取社会福利成本的信息,Kirby[5]研究了企业信息共享的激励措施,Vives[6]分析了行业协会对信息披露的不同规定与社会、公司和客户的利益及信息共享的关系。Gordon 等[7]认为企业没有必要将安全投资放在最易受攻击的信息资产上,因为这类资产的保护成本较高,最好投资在中等程度的脆弱性信息资产上,Gordon 等进一步研究了影响信息安全投资效果的因素。同时,Gordon 等[8]通过建模分析了信息安全信息共享过程中泄露的潜在风险成本,指出在可控风险限度内进行信息共享可以大大减少安全投资,提高安全投资的效益。Liu 等[9]研究了两家公司之间的信息安全投资决策和信息共享,认为两家公司之间的关系对信息共享和信息安全投资决策有重要影响。他们分别分析了互补企业和替代企业的纳什均衡策略和最优投资策略,给出了企业之间的合作决策模型,以帮助企业实现最优社会福利。Gao 等[10]基于博弈论对互补企业的信息共享和安全投资进行了研究,他们发现当两家企业的信息系统同时被黑客攻击时,两家企业都会遭受损失。Wu 等[11]通过博弈论证明关联企业针对目标攻击的最优安全投资水平与分布式攻击不同。Wang 等[12]基于演化博弈论研究了两种黑客攻击下关联企业的最优信息安全问题。Gao 等[13]运用微分博弈理论讨论了目标攻击下备选企业的安全投资和信息共享动态策略。

根据前人的研究,以往研究主要是关于信息资产强关联企业之间的信息安全投资决策研究,尚未涉及信息资产弱关联企业信息安全投资策略,如何依托第三方平台进行企业间的信息安全信息共享方面研究还较少。另外,虽然平台企业间信息共享是一件"多方参与,多方收益"的好事,但 Liu 等[9]认为有些企业并不会积极地参与平台信息共享,除非有一定的鼓励措施,有些企业会发现自己陷入了"囚徒困境",最终会选择不共享的策略。这样大量"搭便车"企业的存在,使得企业参与信息安全知识共享平台的积极性不高,平台很难充分发挥其有效性。因此,有必要综合多种影响因素,研究各平台企业行为策略倾向及信息共享演化路径变化情况,这对于提高信息共享平台效率,提升信息安全投资收益率,提高公共信息安全水平有很重要的意义。

在方法上,由于平台企业间"弱关联""不可比"的特性,无法用传统的信息安全投资决策博弈模型,且企业间的信息安全投资并不是一次性投入,通过演化博弈论能够反映出企业的动态变化情况。演化博弈论融合了理性经济学及进化生物学的思想,并假设博弈双方是具有有限理性的个体,在建模方法中,演化博弈论被认为适合于求解动态博弈问题。此外,参与信息安全共享的企业集团具有不同的理性和认知,适合采用演化博弈论来解决。因此,本章运用演化博弈模型,构建了基于信息共享平台企业间信息安全投资决策模型;讨论了模型的均衡点并对其稳定性进行分析;分析企业在不同共享成本、不同共享溢出效益及不同政府支持力度下的平台企业行为演化路径;最后,提出相应的管理启示。

6.2 弱关联企业信息安全投资决策模型

本节提出了基于信息共享平台企业间信息安全投资的演化博弈模型，为了提高信息共享平台的效率和信息安全投资的价值，在模型中考虑了共享成本、溢出效应和政府支持。涉及的变量及参数如表 6.1 所示。

表 6.1　第六章变量及参数说明

符号	说明
E_i, E_j	企业 i 和企业 j 的信息安全投资的初始收益
I_i, I_j	企业 i 和企业 j 的信息安全共享成本
β	企业信息共享成本系数
α	企业信息共享的外溢效应系数
γ	政府补贴系数
U	企业的期望收益

信息安全信息共享平台上的企业通过平台共享关于黑客信息、病毒及软件漏洞等方面的信息[14]。平台企业关于信息共享方面的整个博弈过程可看作双方对称博弈，假设企业 i 是供给方，企业 j 是需求方，其策略都为共享和不共享。如果企业均选择不共享策略，那么它们自身信息安全投资的初始收益分别为 E_i 和 E_j。

除了包括技术和人力在内的成本因素外，信息安全共享的成本还包括安全信息泄露给公司带来的风险成本[15]。假设企业 i 和企业 j 的信息安全共享成本分别为 I_i 和 I_j，它们的信息共享成本系数分别为 β_i 和 β_j。

信息安全投资和信息共享是战略互补的关系，企业之间可通过信息共享提高其自身的信息安全水平。根据 Žigic 的研究[16]，在进行信息共享的同时会存在信息规模的外溢效应。假设信息共享的外溢效应系数为 α，$\alpha \geqslant 1$，外溢效应为 $\alpha - 1$，也就是说，当企业 i 和企业 j 都选择共享策略时，企业 i 可以通过信息共享平台获得 αI_j 的收益。

为了保证企业群体及广大用户的信息安全，政府及相关部门应加大在信息安全方面的投入，通过采取合理机制可推动平台的建设。本章将政府补贴考虑进演化博弈模型中，假设政府补贴系数为 γ，企业 i 可获得 γI_i 的收益，本文构建了基于信息共享平台的企业间演化博弈模型并对均衡点和稳定性进行分析。首先可以建立企业在不同策略下的收益矩阵。企业的策略为共享和不共享，通过选择不同的博弈策略，企业 i 和企业 j 的收益如下。

当企业 i 和企业 j 都选择共享策略时，其收益分别为 U_{i1} 和 U_{j1}。

$$U_{i1} = E_i + \alpha I_i + \gamma I_i - \beta_i I_i ， \tag{6-1}$$

$$U_{j1} = E_j + \alpha I_i + \gamma I_j - \beta_j I_j 。 \tag{6-2}$$

当企业 i 共享，企业 j 不共享时，其收益分别为 U_{i2} 和 U_{j2}。

$$U_{i2} = E_i + \gamma I_i - \beta_i I_i ， \tag{6-3}$$

$$U_{j2} = E_j + I_i 。 \tag{6-4}$$

相反地，当企业 i 不共享，企业 j 共享时，其收益分别为 U_{i3} 和 U_{j3}。

$$U_{i3} = E_i + I_j ， \tag{6-5}$$

$$U_{j3} = E_j + \gamma I_j - \beta_j I_j 。 \tag{6-6}$$

第 4 种情况，当企业 i 和企业 j 都不共享时，其收益分别为 U_{i4} 和 U_{j4}。

$$U_{i4} = E_i ， \tag{6-7}$$

$$U_{j4} = E_j 。 \tag{6-8}$$

根据上面的 4 种情况，可得到性质 6.1。

性质 6.1 U_{ik} ($k = 1，2，3，4$) 是企业 i 的支付函数，U_{jk} ($k = 1，2，3，4$) 是企业 j 的支付函数，可以得出以下结果。

(i) $0 \leq U_{ik} \leq T$；

(ii) $0 \leq U_{jk} \leq T'$；

(iii) 对于影响因素 α 以及 γ，支付函数 U_{ik}、U_{jk} 单调递增，对于因素 β，支付函数 U_{ik}、U_{jk} 单调递减。

由性质 6.1 可以看出，企业 i 及企业 j 在选择共享策略时，其期望收益随着共享溢出效应及政府补贴的增加而增加，且随着企业信息共享成本的增加而减少。出现这种现象的原因是知识溢出效应及政府支持力度的提高能够提高企业的收益，从而促进信息共享，而信息共享不但能将分散的信息进行整合，而且能够为各个企业提供吸收新信息的机会，以此来促进产生共享溢出效应。

根据式（6-1）—式（6-8），如表 6.2 所示，各个企业在不同策略下的期望收益可建立对应的支付矩阵。

表 6.2 基于信息安全共享平台的信息共享博弈支付矩阵

内容		企业 i	
		共享	不共享
企业 j	共享	$U_{i1} = E_i + \alpha I_j + \gamma I_i - \beta_i I_i$ $U_{j1} = E_j + \alpha I_i + \gamma I_j - \beta_j I_j$	$U_{i3} = E_i + I_j$ $U_{j3} = E_j + \gamma I_j - \beta_j I_j$
	不共享	$U_{i2} = E_i + \gamma I_i - \beta_i I_i$ $U_{j2} = E_j + I_i$	$U_{i4} = E_i$ $U_{j4} = E_j$

假设在供给方企业 i 选择信息共享策略的比例为 x，选择信息不共享的比例为 $1-x$。而在需求方企业中选择信息共享策略的比例为 y，那么 $1-y$ 为选择不共享信息的比例，$(x, y) \in [0, 1] \times [0, 1]$。

因此，根据式（6-9）和式（6-10），企业 i 在选择共享和不共享时的期望收益分别为 U_{is} 和 U_{in}。

$$U_{is} = yU_{i1} + (1-y)U_{i2} = y(E_i + \alpha I_j + \gamma I_i - \beta_i I_i) + (1-y)(E_i + \gamma I_i - \beta_i I_i), \quad (6-9)$$

$$U_{in} = yU_{i3} + (1-y)U_{i4} = y(E_i + I_j) + (1-y)E_i。 \quad (6-10)$$

同样地，对于企业 j 而言，其选择信息共享和不共享策略的期望收益分别为 U_{js} 和 U_{jn}。

$$U_{js} = xU_{j1} + (1-x)U_{j3} = x(E_j + \alpha I_i + \gamma I_j - \beta_j I_j) + (1-x)(E_j + \gamma I_j - \beta_j I_j), \quad (6-11)$$

$$U_{jn} = xU_{j2} + (1-x)U_{j4} = x(E_j + I_i) + (1-x)E_j。 \quad (6-12)$$

根据演化博弈理论[17]及上文的收益分析，企业 i 和企业 j 的总体收益期望值分别为 U_i 和 U_j。

$$U_i = xU_{is} + (1-x)U_{in}, \quad (6-13)$$

$$U_j = yU_{js} + (1-y)U_{jn}。 \quad (6-14)$$

因此采用信息共享策略的企业 i 和企业 j 比例的复制动态方程分别用 $F(x)$ 和 $F(y)$ 表示如下。

$$F(x) = x(U_{is} - U_i) = x(1-x)[y(\alpha-1)I_j + (\gamma-\beta_i)I_i], \quad (6-15)$$

$$F(y) = y(U_{js} - U_j) = y(1-y)[x(\alpha-1)I_i + (\gamma-\beta_j)I_j]。 \quad (6-16)$$

6.3 均衡点及稳定性分析

在 6.2 节分析的复制动态系统中,使复制动态方程 $F(x)$ 和 $F(y)$ 等于 0,求得均衡点 $(x, y) \in [0, 1] \times [0, 1]$。根据方程(6-15)和方程(6-16),可以得到以下命题。

命题 6.1 根据复制动态方程(6-15)及方程(6-16),可得

(i) 4 个定点 $O(0, 0)$,$A(0, 1)$,$B(0, 1)$,$C(1, 1)$ 是可能的演化均衡点。

(ii) 点 $D(x^*, y^*)$ 在 $(x, y) \in [0, 1] \times [0, 1]$ 上为均衡点时,其中

$$x^* = \frac{(\beta_j - \gamma)I_j}{(\alpha - 1)I_i}, \quad y^* = \frac{(\beta_i - \gamma)I_i}{(\alpha - 1)I_j}。$$

证明 根据微分方程的稳定性定理,系统的均衡点应该满足

$$F(x) = 0, F(y) = 0,$$

以及 $(x, y) \in [0, 1] \times [0, 1]$,可得,

$$x^* = \frac{(\beta_j - \gamma)I_j}{(\alpha - 1)I_i}, \quad y^* = \frac{(\beta_i - \gamma)I_i}{(\alpha - 1)I_j}。$$

由此得到系统演化的 5 个平衡点,分别是点 $O(0, 0)$,$A(0, 1)$,$B(0, 1)$,$C(1, 1)$ 及 $D(x^*, y^*)$,命题 6.1 得证。

由复制动态方程求得的平衡点可能并不是系统演化的稳定策略(ESS)[12],系统演化的稳定性可以由系统的雅可比矩阵 J 的局部稳定分析导出[18]:

$$J = \begin{bmatrix} \dfrac{\partial F(x)}{\partial x} & \dfrac{\partial F(x)}{\partial y} \\ \dfrac{\partial F(y)}{\partial x} & \dfrac{\partial F(y)}{\partial y} \end{bmatrix}, \tag{6-17}$$

其中,

$$\frac{\partial F(x)}{\partial x} = (1 - 2x)[y(\alpha - 1)I_j + (\gamma - \beta_i)I_i],$$

$$\frac{\partial F(x)}{\partial y} = x(1 - x)(\alpha - 1)I_j,$$

$$\frac{\partial F(y)}{\partial x} = y(1-y)(\alpha-1)I_i,$$

$$\frac{\partial F(y)}{\partial y} = (1-2y)[x(\alpha-1)I_i + (\gamma-\beta_j)I_j]。$$

根据雅可比矩阵的行列式 $\det(J)$ 和迹 $\text{tr}(J)$ 的值可以判断系统演化博弈的均衡点和稳定性,当 $\det(J)>0$ 并且 $\text{tr}(J)<0$ 时,由复制动态方程所得的平衡点的状态是局部稳定的,则该平衡点就是系统的演化均衡点。其中:

$$\det(J) = \left[\frac{\partial F(x)}{\partial x} \times \frac{\partial F(y)}{\partial y} - \frac{\partial F(x)}{\partial y} \times \frac{\partial F(y)}{\partial x}\right], \quad (6-18)$$

$$\text{tr}(J) = \left[\frac{\partial F(x)}{\partial x} + \frac{\partial F(y)}{\partial y}\right]。 \quad (6-19)$$

根据方程(6-15)至方程(6-19),在判断局部稳定性时有以下四种情况,表 6.3 至表 6.6 反映了每种情况下平衡点的局部稳定性的分析结果,图 6.1 至图 6.4 是与每种情况相对应的系统演化动态相位图。

情况(1)

$$\beta_i < \gamma, \beta_j < \gamma \text{ 或 } \gamma < \beta_j < \gamma + \frac{(\alpha-1)I_j}{I_i}。$$

当信息共享的成本很低,而且都低于政府补贴的时候,2 家企业最终都会选择共享策略。对企业 j 来说,当信息共享成本高于政府补贴,但低于政府补贴和共享溢出效应的之和时,企业仍然可以获益,那么这 2 家企业最终还是会选择共享策略,其他的平衡点是不稳定点或鞍点。表 6.3 分析了情况(1)平衡点的局部稳定性,图 6.1 为对应的演化动态相位图。

图 6.1 中,系统的动态演化均衡稳定于点 $C(1,1)$,说明点 $C(1,1)$ 是系统的演化稳定策略。在这种情况下,政府及相关部门应采取适当的激励机制,促进平台企业积极参与信息共享。此外,通过降低企业间信息共享的成本,是提高平台效率的有效途径。

表 6.3 情况(1)平衡点的局部稳定性

平衡点	$\det(J)$	$\text{tr}(J)$	局部稳定性
$O(0,0)$	+	+	不稳定点
$A(0,1)$	−		鞍点

续表

平衡点	det(J)	tr(J)	局部稳定性
$B(1, 0)$	−		鞍点
$C(1, 1)$	+	−	ESS

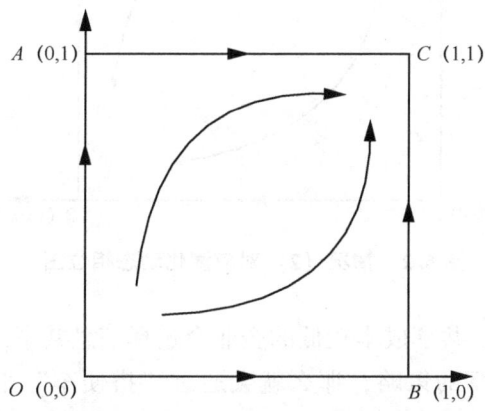

图 6.1 情况（1）对应演化动态相位图

情况（2）

$$\beta_i < \gamma, \beta_j > \gamma + \frac{(\alpha - 1)I_j}{I_i}。$$

随着企业 j 共享成本的提高，共享成本高于政府补贴和共享溢出效应之和，此时系统的演化均衡点为 $B(1, 0)$，企业 j 将会放弃共享策略，享用"搭便车"效应也会使企业获益，其他的平衡点处于不稳定状态。表 6.4 分析了情况（2）平衡点的局部稳定性，图 6.2 为对应的演化动态相位图。

表 6.4 情况（2）平衡点的局部稳定性

平衡点	det(J)	tr(J)	局部稳定性
$O(0, 0)$	−		鞍点
$A(0, 1)$	+	+	不稳定点
$B(1, 0)$	+	−	ESS
$C(1, 1)$	−		鞍点

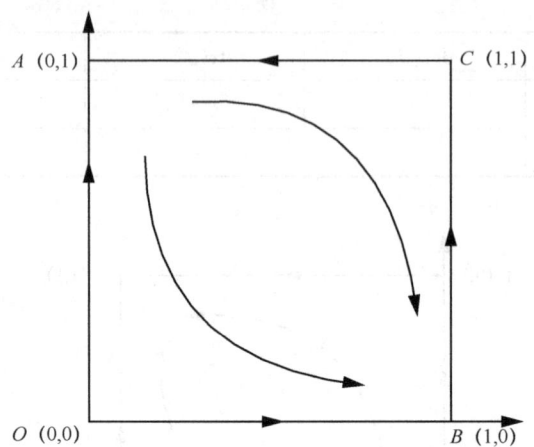

图6.2 情况（2）对应演化动态相位图

在这种情况下，共享成本较低的企业会选择信息共享，而共享成本较高的企业会选择不共享的策略，那么就会通过"搭便车"来受益。即信息共享成本较高的企业将是"免费搭车者"，而共享成本低的企业将会进行信息共享。

情况（3）

$$\gamma < \beta_i < \gamma + \frac{(\alpha-1)I_j}{I_i}, \gamma < \beta_j < \gamma + \frac{(\alpha-1)I_j}{I_i}。$$

当信息共享的成本高于政府补贴，但低于政府补贴和共享溢出效应的总和时，有2个演化均衡点，点 $O(0,0)$ 和点 $C(1,1)$。表6.5分析了情况（3）平衡点的局部稳定性，图6.3为对应的演化动态相位图。

表6.5 情况（3）平衡点的局部稳定性

平衡点	det(J)	tr(J)	局部稳定性
$O(0,0)$	+	−	ESS
$A(0,1)$	+	+	不稳定点
$B(1,0)$	+	+	不稳定点
$C(1,1)$	+	−	ESS
$D(x^*, y^*)$	−	0	鞍点

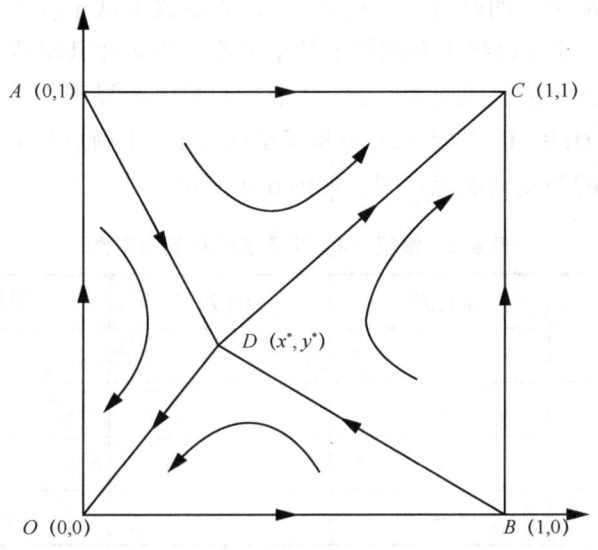

图 6.3　情况（3）对应演化动态相位图

在情况（3）下，如图 6.3 所示，系统收敛于不同策略模式的分界线 ADB 是由 2 个不稳定点和一个鞍点构成，当系统中各企业的博弈状态位于 $ADBC$ 中时，系统中各个企业最终都会选择共享的策略；而当系统中各企业的博弈状态位于 $ADBO$ 时，系统中各个企业最终会选择不共享的策略，这是一种最不理想的稳定状态，因为平台将无法发挥其应有的价值。因此，鞍点 $D(x^*,y^*)$ 应尽量靠近动态相位图的左下角，以此提高系统中各企业都选择共享策略的概率。通过降低信息共享成本，并加大共享溢出效应及政府支持，能够达到降低 $D(x^*,y^*)$ 的值的目的。

情况（4）

$$\gamma < \beta_i < \gamma + \frac{(\alpha-1)I_j}{I_i},$$

或

$$\beta_i > \gamma + \frac{(\alpha-1)I_j}{I_i}, \beta_j > \gamma + \frac{(\alpha-1)I_j}{I_i}。$$

对于企业 j 来说，当共享成本很高，而且总是高于政府补贴和共享溢出效应的总和时，不管企业 j 是否进行信息共享，企业的收益小于零，因此对于企业 j 来说最好选择不共享的策略。由于企业 j 选择不共享策略，企业 i 无法得到溢出效应带来的收益,虽然企业 i 的共享成本低于政府补贴及溢出效应之和,但是企业 i 最终也会选择不共享策略。当企业共享成本都很高且高于政府补贴及共享溢出效应之和时,2个企业都将选择不共享策略。系统的演化均衡点为 $O(0,0)$。表6.6分析了情况(4)平衡点的局部稳定性,并由此得到对应的演化动态相位图,如图6.4所示。

表6.6 情况(4)平衡点的局部稳定性

平衡点	det(J)	tr(J)	局部稳定性
$O(0,0)$	+	−	ESS
$A(0,1)$	−		鞍点
$B(1,0)$	−		鞍点
$C(1,1)$	+	+	不稳定点

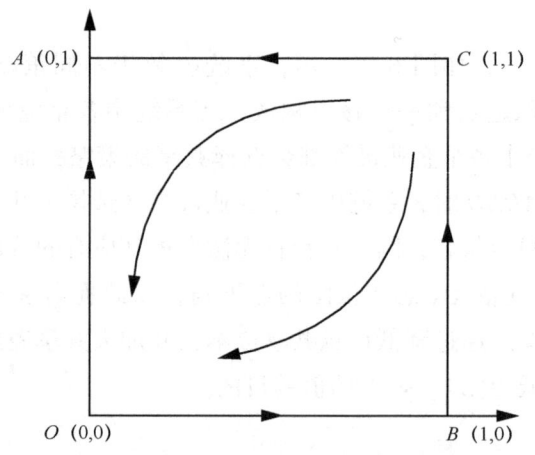

图6.4 情况(4)对应演化动态相位图

对比4种情况,系统均衡点、对应策略及措施如表6.7所示。这4种情况包含了企业基于信息共享平台进行信息安全投资的所有可能条件。为了提高信息共享平台的效率和信息安全投资的回报,通过对这4种情况的分析可知当信息共享的成本很低时,政府及相关部门应采取适当的激励机制,促进平台企业积极参与信息共享。随着共享成本的提高,共享成本高的企业将是"免费搭车者",而共享成本低的企业将会进行信息共享。当信息共享的成本高于政府补贴时,但低于政府补贴和共享溢出效应的总和时,需降低信息共享成本并且增加溢出效应及政府支持。当共享成本很高,而且总是高于政府补贴和共享溢出效应的总和时,由于信息共享成本过高,其收益总为负值,因此所有企业都不会进行信息共享。通过对这4种情况的分析,对信息安全共享平台的管理有以下启示。

第一,要加强对信息知识的保护,防止信息泄露,加强对信息安全共享平台参与者的管理。加强对信息安全共享平台知识的保护,消除企业因安全知识泄露给黑客群体而产生的新信息安全风险,也就是降低共享成本。

第二,为了提高信息安全共享平台的效率,将通过整合平台上的信息共享,进一步增强知识的溢出效应。

第三,完善政府补贴机制,建立可衡量的补贴标准。政府补贴机制可以促进群体分享的积极性,消除"搭便车"效应。此外,安全信息的共享程度难以衡量,尤其是其中可能包含大量的隐性信息,加大了补贴实施的难度。因此,有必要建立可衡量的补贴标准,例如通过安全审计,可以根据入侵的情况,对参与信息安全共享的企业进行合理的补贴。

表6.7 4种情况的对比

情况	条件	均衡点	策略	措施
情况(1)	$\beta_i < \gamma, \beta_j < \gamma$ 或 $\gamma < \beta_j < \gamma + \frac{(\alpha-1)I_j}{I_i}$	$B(1, 0)$	(共享,不共享)	降低共享成本
情况(2)	$\beta_i < \gamma, \beta_j > \gamma + \frac{(\alpha-1)I_j}{I_i}$	$C(1, 1)$	(共享,共享)	降低共享成本
情况(3)	$\gamma < \beta_i < \gamma + \frac{(\alpha-1)I_j}{I_i}$, $\gamma < \beta_j < \gamma + \frac{(\alpha-1)I_j}{I_i}$	$O(0, 0)$, $C(1, 1)$	(共享,共享) (不共享,不共享)	增加政府补贴、增强信息共享溢出效应、降低共享成本

续表

情况	条件	均衡点	策略	措施
情况（4）	$\gamma < \beta_i < \gamma + \dfrac{(\alpha-1)I_j}{I_i}$ 或 $\beta_i > \gamma + \dfrac{(\alpha-1)I_j}{I_i}$，$\beta_j > \gamma + \dfrac{(\alpha-1)I_j}{I_i}$	$O(0,0)$	（不共享，不共享）	降低共享成本、增加信息共享溢出效应

6.4 不同影响因素下平台企业行为演化路径

虽然演化结果在 6.3 节中进行了分析，但为了深入理解，本节对模型进行了仿真分析。系统的演化博弈到平衡态的时间和结果与参数值有关，变化参数的初始值可以改变博弈的时间和平衡点。虽然都选择信息共享策略是平台企业的帕累托最优结果，但（共享，共享）和（不共享，不共享）这2个结果是系统的演化均衡结果。对演化结果有影响的因素是信息共享成本系数 β，信息共享的溢出效应系数 α 及政府补贴系数 γ。因此，本节拟运用 Matlab R2018a 模拟平台企业信息安全共享过程，并结合相关信息安全共享实际情况设定其他参数值，通过模拟并探讨不同影响因素下各企业的行为，分析信息共享演化路径情况，并对其系统稳定性进行判断。

6.4.1 不同共享成本下平台企业行为演化路径

除了包括技术和人力在内的成本因素外，信息安全共享的成本还包括安全信息泄露给企业带来的风险成本[15]。我们根据共享成本的高低划分，将共享成本划分为低成本、中等成本和高成本，由低到高排列，设信息共享成本系数 β_i 和 β_j 分别取 0.1，0.9，1.9 代表不同程度的共享成本。假设 $I_i=2$，$I_j=4$，$\alpha=1.5$，$\gamma=0.6$，通过运用 Matlab R2018a 模拟仿真，得到企业在不同成本系数下的演化路径。

图 6.5 和图 6.6 分别为不同成本系数下，企业 i 和企业 j 的信息共享演化路径。由此可以看出，企业的信息共享意愿随着成本的降低而增大，随着

企业共享成本的上升，企业最终会选择不共享策略，即信息共享成本高的"搭便车"，信息共享成本低的企业进行信息共享。对比图 6.5 和图 6.6，共享成本越高会加快企业选择不共享策略。因此，低的信息共享成本能够加快企业向积极合作策略稳定方向演化。

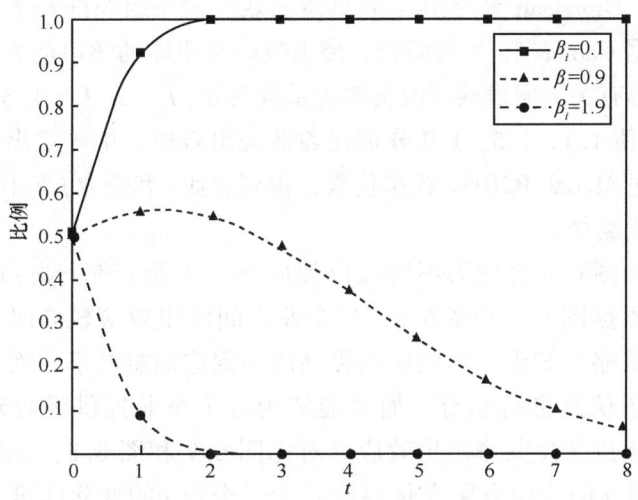

图 6.5　企业 i 在不同 β_i 下的演化路径

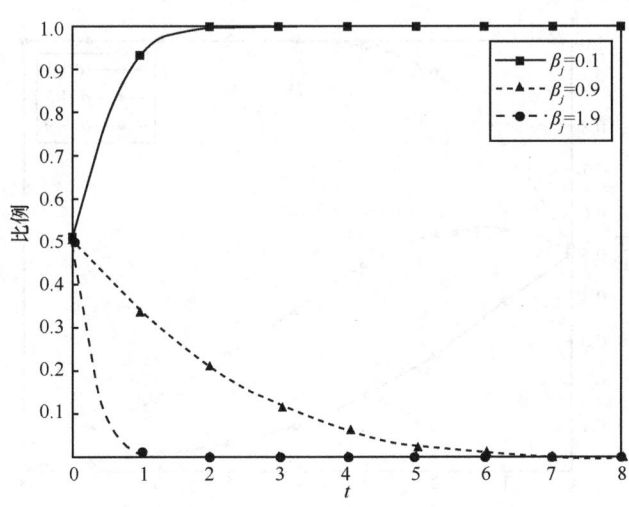

图 6.6　企业 j 在不同 β_j 下的演化路径

6.4.2 不同共享溢出效应下平台企业行为演化路径

Griliches[19]认为知识溢出效应是做类似的事情并从其他相关研究中得到更多的收入。Grossman 等[20]认为共享溢出效应对于组织的经济增长具有显著影响。根据 Caniels 等[21]的研究，溢出效应与主体的学习能力、空间距离及知识缺口等有关。假设共享溢出效应系数为 α，$I_i = 2$，$I_j = 4$，$\gamma = 0.6$，$\beta_i = \beta_j = 0.9$。设值 1.1，1.5，1.9 分别代表低溢出效应、中等溢出效应及高溢出效应。通过 Matlab R2018a 模拟仿真，得到企业 i 和企业 j 在不同共享溢出效应下的演化路径。

图 6.7 和图 6.8 分别为不同溢出效应下，企业 i 和企业 j 的信息共享演化路径。根据图 6.7 和图 6.8，当企业之间溢出效应较高时，企业最终会选择共享策略。知识溢出效应的提高能够促进信息共享，而信息共享不但能将分散的信息进行整合，而且能够为各个企业提供吸收新信息的机会，以此来促进产生共享溢出效应。对比图 6.7 和图 6.8，在相同的溢出效应下，企业 i 的合作意愿变化幅度要大于企业 j 的变化幅度，产生这一现象的原因是信息共享的成本会影响企业的选择，成本越低的企业合作意愿变化速度越快。

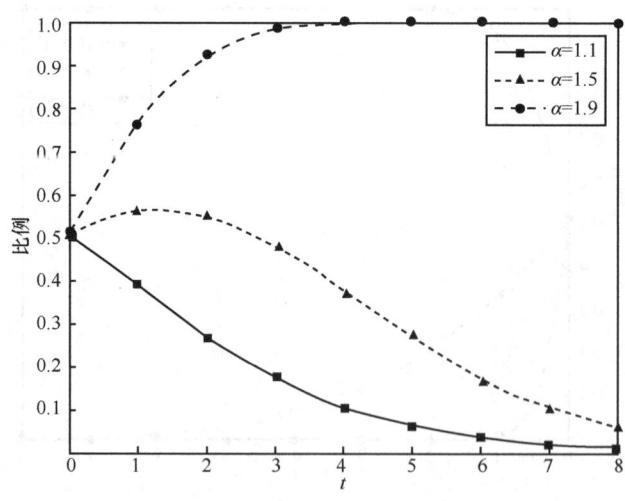

图 6.7 企业 i 在不同 α 下的演化路径

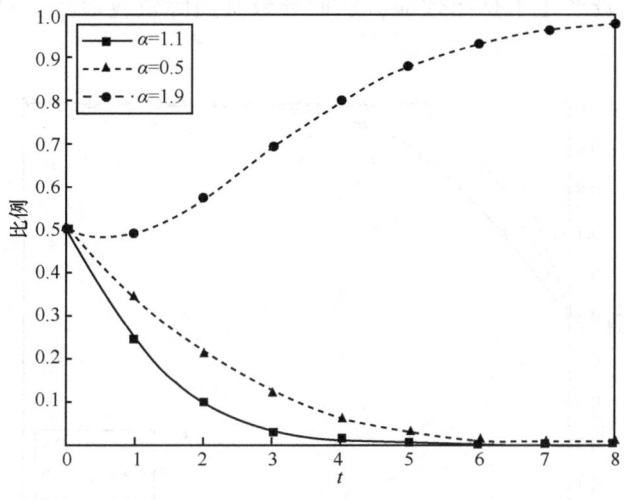

图 6.8 企业 j 在不同 α 下的演化路径

6.4.3 不同政府支持力度下平台企业行为演化路径

为了弥补信息共享成本及共享溢出效应的差值，政府可通过一定的补贴来支持，为了保证企业群体及广大用户的信息安全，政府及相关部门应加大在信息安全方面的投入，通过采取合理机制可推动平台的建设，加大企业群体的信息共享程度。设政府补贴系数为 γ，$I_i = 2$，$I_j = 4$，$\alpha = 1.5$，$\beta_i = \beta_j = 0.5$。分别取 0.4，0.6，0.9 分别代表低支持力度、中等支持力度和高支持力度。那么通过模拟仿真，可得到企业 i 和企业 j 在不同政府支持力度下的行为演化路径。

图 6.9 和图 6.10 分别为不同政府支持力度下，企业 i 和企业 j 的信息共享演化路径。由图中演化路径能够看出，随着政府支持力度的增加，企业的合作意愿也随之增加，这是由于企业的信息共享成本随着政府支持力度的增加而减少，那么就会激励平台企业积极地进行信息共享。但是通过对比政府支持力度从 $\gamma = 0.4$ 到 $\gamma = 0.6$ 和从 $\gamma = 0.6$ 到 $\gamma = 0.9$ 的变化情况，可以发现从 $\gamma = 0.4$ 到 $\gamma = 0.6$ 的企业信息共享合作意愿的变化幅度大于从 $\gamma = 0.6$ 到 $\gamma = 0.9$ 的变化幅度，即企业的合作意愿变化速度随政府支持力度的增加而降低。造成这一现象的原因可能是由于政府的支持力度过大对于企业在信息

安全方面的投资产生了挤出效应，从而导致其边际效应递减，对企业的影响递减。

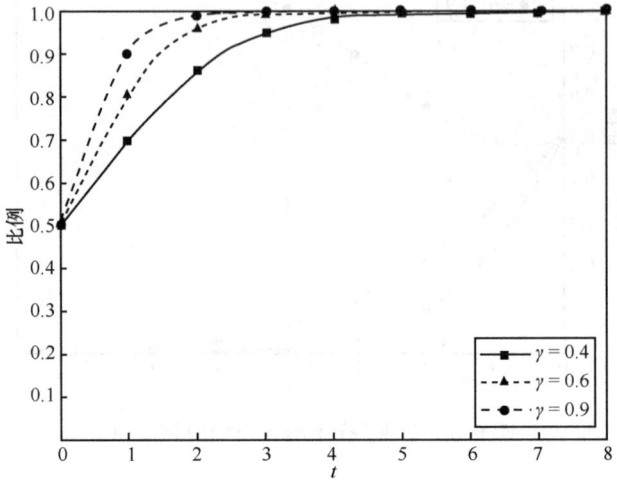

图 6.9　企业 i 在不同 γ 下的演化路径

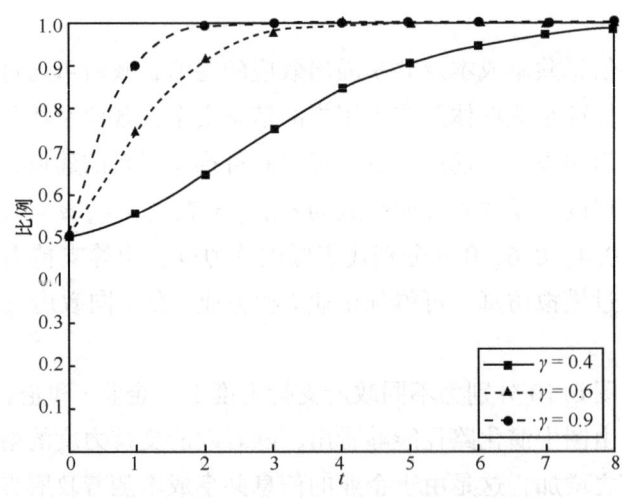

图 6.10　企业 j 在不同 γ 下的演化路径

通过对比图 6.9 和图 6.10，可以发现，投入成本较小的企业对政府的支持力度更为敏感。也就是说，在相同的政府支持力度下，投入成本小的企业选择共享策略的时间比投入成本大的企业的时间要短。造成这一现象的原因是在政府实施税收或补贴等政策后，企业是直接的受益者，而企业信息共享的成本随政府支持力度的增加而降低了，从而激发了平台企业积极地进行信息共享的合作意愿。

6.5 管理启示

本章考虑了企业间信息资产弱关联性情况下，对基于信息共享平台企业在信息共享过程中的策略选择问题进行研究，通过模拟仿真不同共享成本、共享溢出效益及政府支持力度影响因素变化时，得到平台企业信息共享的演化路径，由研究结果可得到以下管理启示。

（1）弱关联企业应通过信息共享减少信息安全方面的投入

弱关联企业之间信息安全共享是进一步提升安全投资收益率的重要途径，企业可通过信息共享减少信息安全方面的投入。由算例分析可以看出降低企业的信息共享成本能加快企业向积极合作策略稳定方向演化，因此为防止信息泄露带来的风险，企业需加强保护其自身的信息资产，并且加强对于平台参与者的审核及管理，以此降低各个企业进行信息共享的成本。

（2）弱关联企业应通过整合平台信息来提高共享效率，进一步发挥共享溢出效应

当企业之间溢出效应较高时，企业最终会选择信息共享策略。知识溢出效应的提高能够促进信息共享，而信息共享不但能将分散的信息进行整合，而且能够为各个企业提供吸收新信息的机会，以此来促进产生共享溢出效应。

（3）政府及相关部门应建立企业信息安全方面补贴机制

为杜绝企业之间的"搭便车"现象，可以加大政府的支持力度。政府相关部门可通过完善补贴机制，建立合理可测的补贴标准。此外，由于企业在进行信息共享时，其共享信息可能包含隐性知识，那么会增大政府实施补贴的难度，因此政府及相关部门需建立实际可测的补贴标准，如可通过安全审计，对于平台上参与共享的企业根据其实际情况给予合理的补贴等

（4）弱关联企业应提高参与信息安全共享平台的积极性

建设信息安全共享平台，服务于国内广大信息系统用户，是一件"多方参与、多方受益"的好事。对于基础信息网络包括重要信息系统单位，

可以通过漏洞信息通报及时获知漏洞信息，及早采取预防措施，积极应对漏洞威胁；对于网络信息安全厂商，可以彰显其漏洞发现、分析、验证的技术能力，体现其产品优势，扩大品牌影响；对于信息产品和服务提供商，可以帮助其提高产品和服务的安全质量水平；对于高校科研院所，可以引导其信息安全漏洞挖掘、分析的科研方向；对于广大互联网用户，有助其提高终端系统安全防护能力，减少被攻击入侵的风险。

随着信息技术的不断发展及企业信息化的深入，企业中新的信息安全问题不断出现，而信息安全由独立的企业问题逐渐演变为公共性的群体信息安全问题，"弱关联""不可比"使得企业在信息安全投资决策过程中面临新的难题。本章构建了基于信息共享平台的弱关联企业信息安全投资决策演化博弈模型，并对信息安全共享平台企业信息共享的动态演化及其影响因素进行分析，利用 Matlab 模拟仿真，系统的探讨了各影响因素对平台企业信息共享演化路径的影响，这对于提高信息共享平台效率，提升信息安全投资收益率，提高公共信息安全水平有重要意义，为处理"弱关联""不可比"特点下的企业信息安全投资决策提供新的解决方案。

参考文献

[1] YDOR D, ELOVICI Y. A model of the information security investment decision-making process[J]. Computers & security, 2016, 63: 1-13.

[2] EZHEI M, LADANI B T. Interdependency analysis in security investment against strategic attacks[J]. Information system frontiers, 2020, 22(1): 187-201.

[3] GAL-OR E, GHOSE A. The economic incentives for sharing security information[J]. Information systems research, 2005, 16(2): 186-208.

[4] SHAPIRO C. Exchange of cost information in oligopoly[J]. Review of economic studies, 1986, 53: 433-446.

[5] KIRBY A J. Trade association as information exchange mechanism[J]. Rand journal of economics, 1988, 19: 138-146.

[6] VIVES X. Trade association disclosure rules, incentives to share information, and welfare [J]. Rand journal of economics, 1990, 21: 409-430.

[7] GORDON L A, LOEB M P. Budgeting process for information security expenditures[J]. Communications of the ACM, 2006, 49(1): 121-125.

[8] GORDON L A, LOEB M P, LUCYSHYN W. Sharing information on computer systems security: an economic analysis[J]. Social science electronic publishing, 2003, 22: 461-485.

[9] LIU D P, JI Y H, MOOKERJEE V. Knowledge sharing and investment decisions in information security[J]. Decision support systems, 2011, 52(1): 95-107.

[10] GAO X, ZHONG W J, MEI S. A game-theoretic analysis of information sharing and security investment for complementary firms[J]. Journal of operation research society, 2014, 65(11): 1682-1691.

[11] WU Y, FENG G Z, WANG N M, et al. Game of information security investment: Impact of attack types and network vulnerability[J]. Expert systems with applications, 2015, 42 (15/16): 6132-6146.

[12] WANG Q, ZHU J M. Optimal information security investment analyses with the consideration of the benefits of investment and using evolutionary game theory[C] // 2nd International Conference on Information Management (ICIM), 2016, 46: 105-109.

[13] GAO X, ZHONG W J. A differential game approach to security investment and information sharing in a competitive environment[J]. IIE transactions, 2016, 48(6): 511-526.

[14] HAUSKEN K. Information sharing among firms and cyber attacks[J]. Journal of accounting & public policy, 2007, 26(6): 639-688.

[15] CAVUSOGLU H, RAGHUNATHAN S, YUE W T. Decision-theoretic and game-theoretic approaches to IT security investment[J]. Journal of management information systems, 2008, 25(2): 281-304.

[16] ŽIGIC K. Intellectual property rights violations and spillovers in North-South trade[J]. European economic review, 1998, 42(9): 1779-1799.

[17] FRIEDMAN D. Evolutionary Games in Economics[J]. Econometrica, 1991, 59(3): 637-666.

[18] BARRON E N. Game theory: an introduction[J]. Reference reviews, 2013, 14(7): 35-36.

[19] GRILICHES Z. Hybrid corn: an exploration in the economics of technological change[J]. Econometrica, 1957, 25(4): 501-522.

[20] GROSSMAN G M, HELPMAN E. Trade, knowledge spillovers, and growth[J]. European economic review, 1991, 35(2/3): 517-526.

[21] CANILS M C J, VERSPAGEN B. Barriers to knowledge spillovers and regional convergence in an evolutionary model[J]. Journal of evolutionary economics, 2001, 11(3): 307-329.

第七章　企业信息安全投资研究领域未来趋势

本书前六章围绕企业信息安全投资决策问题，考虑企业间信息资产关联性因素，分别对互补企业、替代企业及基于信息安全共享平台企业的信息安全投资决策问题进行深入研究，主要取得以下几个方面研究成果。

(1) 分析影响企业信息安全投资决策的因素，对影响因素关系进行结构分析

确定企业信息安全投资决策的备选影响因素，运用德尔菲法构建影响企业信息安全投资决策因素的指标体系，构建企业信息安全投资决策影响因素的解释结构模型，确定各因素之间的相互关系，分析得出企业信息安全投资决策影响因素是一个具有5级的多级递阶结构。根据该模型的逻辑结构，影响企业信息安全投资决策的最直接原因是企业信息安全技术水平和企业信息安全行为问题。第二层至第五层是影响企业信息安全投资决策的表面或具体因素，也是比较容易感知的因素。从组织因素看，企业间信息资产性质、人员安全、企业组织架构都会影响企业信息安全投资决策。从环境因素看，行业信息安全状况、外部服务商技术水平、信息安全法律法规、国家政策是决定企业信息安全投资决策的重要外部驱动力量。此外，技术因素层面的黑客行为与客户反馈问题，决定着国家和地区的信息安全战略目标与政策支持上必须采取更为谨慎的态度，以规避数据泄露带来的风险。企业信息安全投资决策影响因素关系结构分析为后续内容建立企业间信息安全投资决策模型提供前期的研究准备。

(2) 针对"多企业""非合作"特点下的互补企业间信息安全投资问题，构建博弈模型并进行激励机制的设计

在已有研究的基础上，将2个互补企业扩展到多个企业的情形，对多个互

补企业在非合作情况下和完全合作情况下的最优投资决策进行研究分析，并分析了企业数量、互补企业间网络一次传播概率及黑客入侵概率对企业在2种决策模式下的影响，研究发现：互补企业群体在完全合作情况下各企业的最优投资额高于企业非合作情况下的最优投资额，即企业完全合作情况下的信息安全水平是高于企业非合作情况下的安全水平，且其期望成本小于非合作情况下的期望成本；互补企业群体中各企业不管是在非合作情况下还是完全合作情况下，虽然增加企业数量可以给群体带来更多的共享信息，但其最优信息安全投资额随着企业数量的增加而减少，这样会增加黑客成功入侵的概率，使企业群体的信息安全水平降低，因此企业群体应平衡好新加入者带来的优缺点；企业间一次传播概率的增大会使企业降低其安全投资额，从而降低其信息安全水平，造成企业的信息系统更容易被黑客攻破，但企业在非合作情况下仍然会减少其投资额度，这样更加恶化了企业的信息安全环境。当企业在完全合作情况下，最优投资额会随着企业间一次传播概率的增加而增加，这与企业在非合作情况下的变化趋势相反；当企业在完全合作情况下，存在一个最小期望成本阈值，当低于这个阈值时企业没有必要进行投资。因此，不是所有的风险都值得投资，若期望成本很小，企业应承担一定的风险，没有必要进行投资；站在社会规划者的角度，提出促进企业进行完全合作的企业补偿机制及信息共享机制，这2种机制能够提高企业群体的信息安全水平且降低期望成本，是有效的经济激励措施。

（3）分析由"外部性""替代性"导致的信息安全投资决策过程中黑客及企业行为，进行最优化分析及协同机制的设计

考虑企业规模、企业替代率及黑客入侵概率，分析替代企业在单独决策和协同决策时的最优投资决策，在此基础上提出有效的信息共享机制，确保社会信息安全水平达到最优，提高所有企业的利益。主要结论如下：在企业单独决策时，如果替代企业群体中任一企业增加信息安全方面的投入，那么黑客成功入侵该企业的可能性较小，黑客转而攻击其他企业的概率就会增加，在这种情况下，其他企业的最优策略也是增加其信息安全方面的投资，从而降低黑客的入侵概率。也就是说，替代企业群体间的替代关系隐含着企业群体间的竞争性，从而导致企业群体在信息安全方面的过度投资。替代企业群体中各企业不管是单独决策还是联合决策，其最优信息安全投资额随着企业数量的增加而减少，此时增加企业数量能够减少投资额，直至企业数量到达一个阈值，当企业数量超过阈值时，企业最优投资额为零，此时没有必要进行投资。不管在企业单独

第七章 企业信息安全投资研究领域未来趋势

决策还是联合决策下，最优投资额随黑客入侵概率及企业替代率的增加而增大，且非合作情况下的投资额始终大于合作情况下的投资额。在信息共享机制下，替代企业群体中各企业不但能够减少信息安全投资额，而且能够减少其期望成本，是一种有效的经济激励措施。

（4）结合信息安全信息共享平台设计适用于处理"弱关联""不可比"企业间信息安全投资决策问题的方案，提出提升信息共享平台效率的路径

运用演化博弈模型，考虑了企业信息共享成本、信息共享溢出效应及政府补贴因素，分析平台企业在信息共享过程中的策略选择问题，借助 Matlab 模拟仿真不同影响因素变化时，平台企业信息共享的演化路径并依据研究结果提出提升信息共享平台效率的路径。研究发现：信息共享成本越低越能加快企业向积极合作策略稳定方向演化。当企业之间溢出效应较高时，企业最终会选择共享策略，且在相同的溢出效应下，信息共享的成本会影响企业的选择，成本越低的企业合作意愿变化速度越快。企业的合作意愿随着政府支持力度的增大而增大，而过高的政府支持力度对企业投入产生了一定的挤出效应，导致其边际效应递减，对企业的作用变小，各企业合作意愿变化速度降低，且在相同的政府支持力度下，投入成本小的企业选择共享策略的时间比投入成本大的企业的时间要短。

本书解决的主要问题及创新点总结如下。

主要问题1："多企业""非合作"使得互补企业间信息安全投资决策面临新的挑战

在互补企业间信息安全投资决策问题方面，已有针对信息共享情况下的2个互补企业信息安全投资决策问题的相关研究，但现实中"多企业"数量和"非合作"关系都会影响企业信息安全投资水平，因此如何对信息资产互补的"多企业"在"非合作"情况下的最优投资水平进行理论研究，并与"完全合作"情况下进行对比分析具有重要的现实意义。

创新点1：基于"多企业""非合作"特点，将 Gordon-Loeb 模型扩展到多企业博弈环境下，并结合能够刺激企业加大信息安全投入并减少成本的"黑客入侵概率"这一变量，构建了互补企业间信息安全投资博弈模型。通过该模型能够分析企业数量、网络一次传播概率及黑客入侵概率等参数在企业"非合作"及"完全合作"情况下对最优信息安全投资额的影响规律，为处理"多企业""非合作"特点下互补企业信息安全投资决策提供了新的解决方案。

主要问题2："外部性""替代性"使得在信息安全投资决策过程中黑客及

企业行为更加复杂

已有研究表明企业的信息安全投资具有显著的"外部性",投资必须考虑信息资产性质,而企业间信息资产的"替代性"会直接影响黑客行为。因此,如何在"外部性""替代性"的影响下分析黑客行为对企业信息安全投资决策的影响,是一个值得深入研究的重点问题。

创新点2:基于博弈论、最优化理论及协同理论,考虑企业信息资产替代率、企业数量及黑客入侵概率的影响,构建了替代企业信息安全投资决策模型,分析替代企业在单独决策和协同决策时的最优投资水平,为解决"外部性""替代性"导致的信息安全投资决策过程中黑客及企业行为描述问题提供了新的解决思路。

主要问题3:"弱关联""不可比"使得企业在信息安全投资决策过程中面临新的难题。

目前,研究主要针对信息资产强关联企业之间的信息安全投资决策问题,尚未涉及信息资产弱关联企业间信息安全投资策略,现实中我国国家信息安全漏洞共享平台上的企业在信息安全投资决策方面具有"弱关联"关系,如何结合信息共享平台设计出适用于处理"弱关联""不可比"企业间信息安全投资决策问题的方案是一个需要解决的重要问题。

创新点3:基于演化博弈论,结合信息共享平台企业间"弱关联""不可比"的特性,构建了弱关联企业间信息安全投资演化博弈模型。该模型考虑了企业信息共享成本、信息共享溢出效应及政府补贴因素,分析各平台企业行为策略倾向及信息共享演化路径变化情况,这对于提高信息共享平台效率,提升信息安全投资收益率,提高公共信息安全水平有重要意义,为处理"弱关联""不可比"特点下的企业信息安全投资决策提供新的解决方案。

7.1 企业信息安全投资决策领域研究展望

针对当前信息安全管理的研究现状和存在的问题,本书充分考虑了企业之间的信息资产性质关联性对信息安全投资决策带来的影响,研究了互补企业、替代企业及弱关联企业间信息安全投资决策问题,构建3个企业信息安全投资博弈模型,分析企业在单独决策及联合决策时的最优策略,提出有效的激励机制以及提高信息共享平台效率的措施,取得了一些成果,但还需要进一步完善以下 3 个方面。

①对于互补企业信息安全投资决策研究中，仅考虑了企业数量的增加带来的负面影响，但实际上新企业加入后能够给现有企业带来新的行业知识，对现有企业存在积极的正面影响，因此未来可将这一因素考虑进来。此外，不同黑客类型的攻击频率、造成的后果及所需要的防御措施都不相同，未来可进一步研究企业在黑客不同攻击模式下的企业信息安全投资问题，分析企业的最优化投资策略并提出有效的激励机制。

②在替代企业信息安全投资决策研究中，主要从静态角度分析企业的信息安全投资决策问题，并且是在信息安全事件发生之间，在这种情况下主要考虑的是一次性投资，而在现实情况中，企业须进行连续投资才能获得更大的安全性。因此，未来可进一步考虑时间因素对企业信息安全投资决策的影响，研究企业在动态框架下的信息安全投资决策问题。

③在弱关联企业的信息安全投资决策研究中，主要是对基于信息共享平台企业双方演化博弈进行分析，未来可考虑分析黑客、企业和平台三方博弈特点，研究三方博弈下的信息安全投资决策问题。此外，本书假设政府补贴没有上限，但过度补贴会对企业信息安全投资产生一定的挤出效应，导致边际效应递减，降低企业的作用，后续研究将限制补贴上限，使补贴效果最大化。

7.2 新技术背景下企业信息安全投资决策

在数字化时代背景下，企业在信息安全防护上面临全新的挑战。2018 年 3 月，Facebook 的服务器遭受黑客攻击，导致大量数据泄露，5000 万个账户受到影响；2019 年 3 月，黑客组织利用勒索病毒对我国部分政府部门和医院等公立机构展开邮件攻击；2020 年上半年，信息安全防护能力较弱的市政、医疗、制造行业成为黑客攻击的重灾区，而新冠疫情期间对医疗机构的攻击更是危害巨大，包括欧洲最大的私人医院运营商 Fresenlus 都曾遭受勒索软件攻击。从以上信息安全典型事件可以看出，目前世界范围内信息安全问题已经不仅仅影响单个企业或者行业利益，而且影响社会稳定和国家安全，从而导致信息安全防御的需求越来越迫切。习近平总书记在十九大报告中指出："恐怖主义、网络安全、重大传染性疾病、气候变化等非传统安全威胁持续蔓延，人类面临许多共同挑战。"《中华人民共和国国民经济和社会发展第十四个五年规划和 2035 年远景目标纲要》中明确指出："坚定维护国家政权安全、制度安全、意识形态安全，全面加强网络安全保障体系和能力建设，切实维护新型领域安全，严密防范和严厉打击敌对势力渗透、破坏、颠覆、分裂活动。"

新兴技术在信息安全领域的应用是目前研究的重点之一，如何建立用户与云计算平台、分布式计算节点间的信任关系成为信息安全技术面临的一大挑战。例如，区块链技术成为近年来最受欢迎的数字技术之一，因其去中心化、去信任、匿名等特点，在信息安全领域有广泛的应用。习近平总书记主持十九届中央政治局第十八次集体学习时强调，要把区块链作为核心技术自主创新重要突破口，明确主攻方向，加大投入力度，着力攻克一批关键核心技术，加快推动区块链技术和产业创新发展。区块链技术包含密码学、数学、算法和经济模型，结合点对点网络和使用分布式一致性算法来解决传统分布式数据库同步问题，是一个集成的多领域基础设施构建，目前已发展成为对于中央主管机关依赖程度低的一种转移各种价值和数据的技术[1-3]。在福布斯公布的各国上市公司的"全球2000强"名单中，探索区块链的公司涵盖了各种行业类别，包括石油和天然气、电信、半导体、食品和烟草、零售等。规模较大的公司如中国工商银行、伯克希尔哈撒韦公司和苹果公司及中国平安保险等都在开发该技术，大部分企业都在探索区块链，如微软、Alphabet、沃尔玛、德国汽车制造商戴姆勒及日本汽车制造商三菱等。同时，随着云计算、物联网等分布式计算模式的出现和日益广泛的应用，如何建立用户与云计算平台、分布式计算节点间的信任关系也成为信息安全技术面临的一大挑战[4]。区块链技术的出现为分布式环境下实体间信任建立问题的解决提供了新的思路和方法[5]，其数据加密技术[6-7]、基于区块链的身份认证技术[8-9]及防火墙技术[10]可大大提高企业的信息安全水平。有的学者在云环境、大数据及物联网环境下进行了信息安全方面的研究，王念新等[11]基于云计算情境对信息安全威胁的应对行为进行实证研究，张未名等[12]分析了当前云环境面临的安全威胁以及常见的攻击手段，提出一种云环境下的入侵检测模型，研究结果表明，云环境下网络入侵检测系统确实能够降低检测时间以及误码率，提高准确率，具有良好的实时性和可扩展性。冷晓彦[13]通过对大数据时代信息安全的主要影响因素及存在的问题等方面进行分析，结合大数据时代信息安全呈现出的新特点，提出了保障大数据时代信息安全的策略。孙道锐[14]分析了人脸识别技术的社会风险及其法律规制。Li等[15]构建了物联网环境下基于入侵感知的区块链信息安全模型，并将入侵检测技术应用到区块链信息安全模型中，结果表明该模型具有较高的检测效率和容错能力。Xiao[16]研究了基于区块链技术的共享经济客户信息安全,构建了共享经济下客户信息安全策略选择的层次结构模型,并提出了相应的信息保护策略和建议。王玉英等[17]基于区块链技术研究了网络文化信息安全传播机制与路径,研究结果表明,区块链技术对保障文化信息安全、拓宽传播路径具有积极作用,为营造安全共享、自主约束的网络文化生态提供了更多可能性。

已有研究中新兴技术在信息安全领域主要集中在认证技术、访问控制及数据保护等方向,在云计算、物联网、区块链、大数据等新技术条件下对认证技术、访问控制及数据保护等信息安全技术提出去中心、分布式、匿名化、轻量级、高效率、可审计追踪等方面提出更高要求,而在新兴技术背景下能够解决很多传统技术无法解决的问题。

关于新兴技术背景下企业信息安全投资决策问题,是多方参与的具有复杂经济社会系统的情形,其独特性主要体现在以下几方面。

(1) 企业间信息资产具有关联性

其关联性包括互补性及替代性[18-20],由于信息资产之间的关联性,企业间信息安全事件的发生具有相关性,并且已有企业就信息安全方面达成合作。一方面,许多研究认为,黑客对信息资产相似的企业进行攻击时,会选择脆弱性高或资产价值大的目标,以此来获益[21-22]。这种信息资产的关联性在一定程度上必然会影响企业之间的信息安全投资策略选择及管理方式。另一方面,信息共享与信息安全投资是战略互补的关系。当信息共享不存在,各个企业单独决策时,企业仅考虑自身情况,其目标是最小化其成本;当企业间进行信息共享时,每个企业都可以降低信息安全方面的成本,同时能够提升其自身信息安全水平。

(2) 企业信息安全投资策略具有多样性

企业可通过降低风险、转移风险及接受风险的方式来选择适当的投资策略,其中降低风险包括自主防御及信息安全外包,转移风险可通过信息安全保险及信息安全外包来实现,接受风险指企业在确定了风险等级,评估了攻击的可能性及潜在破坏,在成本效益分析的基础上评估某项资产不值得保护,或者保护资产的成本抵不上安全措施的开销时使用的一种策略。区块链技术能够给企业在信息安全方面带来长期收益,但初期成本较高。因此,在选择安全技术实施主体时,企业需平衡信息安全成本与可达到的安全水平。

(3) 企业间信息安全投资具有动态性

在企业应用包括区块链在内的新技术的同时,黑客的攻击技术也在不断地提升，而企业在信息安全方面的投资并不是在信息安全事件发生之前进行的一次性投资，在现实情况中，企业须进行连续投资才能获得更大的安全性。因此，需考虑时间因素对企业信息安全投资策略的影响，研究企业在动态框架下的信息安全投资策略选择问题。

综上所述，研究具有以上特点的新兴技术背景下企业信息安全风险管理模式及投资策略问题具有理论和现实意义。针对此类问题，需要研究若干科学问题：如何在动态环境下分析关联企业间信息安全水平及演变规律？如何在自主防御和信息安全外包两者中进行选择及优化？如何结合新兴技术模块和信息安全保险特征去进行契约设计与风险控制？传统环境下企业信息安全风险管理及投资策略问题的研究具有重要的科学意义，并已取得一定的研究成果，但无法解决上述在新兴技术背景下且具有动态复杂情形的企业信息安全投资决策问题。存在问题主要体现在：已有的企业信息安全投资策略研究问题中极少考虑在新兴技术背景下的动态投资复杂情形；以往研究中较少涉及在多种信息安全投资策略中有效选择适当的策略来遏制信息安全威胁。因此，有必要在新兴技术背景下分析企业信息安全风险管理模式及投资策略问题，进一步丰富企业信息安全投资决策理论，为现实中关联企业间信息安全投资提供理论和方法支撑。

参考文献

[1] YBALIGA A. Understanding blockchain consensus models[M]. Mumbai: Persistent Systems Limited, 2017.

[2] GARAY J, KIAYIAS A, LEONARDOS N. The bitcoin backbone protocol: analysis and applications[C] // Annual International Conference on the Theory and Applications of Cryptographic Techniques, 2015: 281-310.

[3] GERVAIS A, KARAME G, CAPKUN V, et al. Is bitcoin a decentralized currency[J]. IEEE security & privacy, 2014, 12(3): 54-60.

[4] 刘敖迪, 杜学绘, 王娜, 等. 区块链技术及其在信息安全领域的研究进展[J]. 软件学报 2018, 29(7): 270-293.

[5] FU Y, ZHU J, GAO S. CPS information security risk evaluation based on blockchain and big data[J]. Tehnički vjesnik, 2018, 25(6): 1843-1850.

[6] BLEICHENBACHER D. Chosen ciphertext attacks against protocols based on the RSA encryption standard PKCS[C] // Annual International Cryptology Conference, Santa Barbara, California, USA, Springer, 1998.

[7] LAMBERTI F, GATTESCHI V, DEMARTINI C, et al. Blockchain or not blockchain, that is the question of the insurance and other sectors[J]. IT professional, 2017(1): 1-16.

[8] 王皓, 宋祥福, 柯俊明, 等. 数字货币中的区块链及其隐私保护机制[J]. 信息网络安全, 2017(7): 32-39.

[9] 康双勇. 区块链中的身份认证问题研究[J]. 保密科学技术, 2018, 92(5): 34-37.

[10] 夏友清. 基于区块链技术的 Anti-APT 型防火墙技术研究[J]. 信息与电脑, 2016, 14: 30-32, 45.

[11] 王念新, 施慧, 王志英, 等. 信息安全威胁的应对行为: 基于云计算情境的实证研究[J]. 系统管理学报, 2018, 27(4): 683-693.

[12] 张未名, 邢云菲, 胡轶楠. 基于云计算环境下网络入侵安全检测模式研究[J]. 情报科学, 2018, 36(9): 68-72.

[13] 冷晓彦. 大数据时代的信息安全策略研究[J]. 情报科学, 2019, 37(12): 105-109.

[14] 孙道锐. 人脸识别技术的社会风险及其法律规制[J]. 科学学研究, 2021, 39(1): 12-32.

[15] LI D M, CAI Z M, DENG L B, et al. Information security model of block chain based on intrusion sensing in the IoT environment[J]. Cluster computing-the journal of networks software tools and applications, 2019, 22(1): 451-468.

[16] XIAO S Y. Research on the information security of sharing economy customers based on block chain technology[J]. Information systems and e-business management, 2020, 18(4): 487-496.

[17] 王玉英, 李岩, 李念峰. 基于区块链技术的网络文化信息安全传播机制与路径研究[J]. 情报科学, 2020, 38(10): 35-40.

[18] GAO X, ZHONG W J, MEI S. A game-theoretic analysis of information sharing and security investment for complementary firms[J]. Journal of operation research society, 2014, 65(11): 1682-1691.

[19] LIU D P, JI Y H, MOOKERJEE V. Knowledge sharing and investment decisions in information security[J]. Decision support systems, 2011, 52(1): 95-107.

[20] 张军, 李红启, 张禄. 全球大型商用飞机制造供应链企业调查与评价[J]. 北京交通大学学报(社会科学版), 2015, 14(4): 81-88.

[21] PENG H, ZHAO D D, HAN J M, et al. Invulnerability of grown Peer-to-Peer networks under progressive targeted attacks[J]. Physica A, 2015, 428: 60-67.

[22] CHEN Z, DU W B, CAO X B, et al. Cascading failure of interdependent networks with different coupling preference under targeted attack[J]. Chaos, solitons & fractals, 2015, 80: 7-12.

附录A 企业信息安全投资决策影响指标的德尔菲法调查问卷

尊敬的女士/先生：

您好，感谢您在百忙中抽出时间参与本次调查问卷。我是西安邮电大学经济与管理学院管理科学与工程专业博士研究生，正在进行企业信息安全投资决策影响指标的调查研究。您是信息安全管理领域知名专家，您的宝贵意见对本人设计这一评价体系具有重要意义。本问卷评语集区间表达为"非常重要"、"重要"和"一般"3个量级。

一、影响因素指标说明

附表1 企业信息安全投资决策影响因素指标解释

影响因素	说明
企业间信息资产性质	企业之间信息资产的相互关系
企业组织架构	企业中在流程运转、部门安排及职能归类等方面，各部门之间的排列组合方式
企业信息安全行为	企业在未发生或发生信息安全事件时采取的措施
企业信息安全技术水平	企业采购、引进各种先进的硬件设备等来提高企业信息安全水平
企业信任倾向	企业基于信任体系建立的合作关系与业务架构的内容
人员安全	与企业核心业务有直接关联的人员培训程度、安全意识、操作水平、技术能力、管理制度及岗位安全职责的内容
信息安全法律法规	针对我国企业信息安全现状，由国家制定或认可并由国家强制力保证实施的具有法律效力的文件
国家政策	国家层面的有关组织对国内企业所制定的信息安全体系的行动指导原则与准则

续表

影响因素	说明
企业文化环境	企业通过外部特征和经营实力表现出来的，被消费者和公众所认同的企业文化印象
行业信息安全状况	行业信息安全状况反映了行业整体的信息安全水平
外部服务商的安全技术水平	外部服务商为企业提供信息安全服务的技术水平
黑客行为	黑客采取技术手段，找到系统漏洞并入侵的行为
客户反馈	客户由企业的信息安全水平决定是否要体验或购买其产品的行为

二、问卷内容

请您对当前信息技术的高速发展下，衡量企业信息安全投资决策影响因素的影响程度高低，对下列13个指标及其重要程度作出评价（请在适当的等级上打"√"）。

附表2　企业信息安全投资决策影响因素指标评价

序号	指标	非常重要	重要	一般
1	企业间信息资产性质			
2	企业组织架构			
3	企业信息安全行为			
4	企业信息安全技术水平			
5	企业信任倾向			
6	人员安全			
7	信息安全法律法规			
8	国家政策			
9	企业文化环境			
10	行业信息安全状况			
11	外部服务商的安全技术水平			
12	黑客行为			
13	客户反馈			

附录 B 对于定理及引理的证明

引理 4.1 的证明

由

$$\frac{\partial^2 C_i}{\partial x_i^2} = \delta\beta^2 L v^{\beta x_i+1}(\ln v)^2 \prod_{n=2}^{N}(1-q^{n-1}p_n),$$

可知

$$\frac{\partial^2 C_i}{\partial x_i^2} > 0,$$

当

$$\delta\beta L v^{\beta x_i+1}\ln v \prod_{n=2}^{N}(1-q^{n-1}p_n(x_i)) + 1 = 0$$

时,可得到互补企业群体各企业的最优投资额为

$$x^* = \frac{-\ln(-\delta v\beta L\ln v \prod_{n=2}^{N}(1-q^{n-1}p_n(x^*)))}{\beta\ln v}。$$

但这可能不是一个稳定的策略,每个企业将会不断改变其策略,直到达到均衡点。在纳什均衡中,企业 i 应满足

$$\delta\beta L v^{\beta x_i+1}\ln v \prod_{n=2}^{N}(1-q^{n-1}p_n(x_i)) + 1 = 0,$$

对于任意企业 j ($j=1,2,\cdots,n;i\neq j$),那么有

$$\delta\beta L v^{\beta x_j+1}\ln v \prod_{n=2}^{N}(1-q^{n-1}p_n(x_j)) + 1 = 0。$$

由此可推出

$$\frac{\prod_{n=2}^{N}(1-q^{n-1}p_n(x_j))}{\prod_{n=2}^{N}(1-q^{n-1}p_n(x_i))} = \frac{\delta v^{\beta x_i+1}}{\delta v^{\beta x_j+1}} = \frac{p(x_i)}{p(x_j)},$$

从而有

$$\ln\frac{\prod_{n=2}^{N}(1-q^{n-1}p_n(x_j))}{\prod_{n=2}^{N}(1-q^{n-1}p_n(x_i))} = \sum_{n=2}^{N}\ln\frac{(1-q^{n-1}p_n(x_j))}{(1-q^{n-1}p_n(x_i))},$$

结合

$$\frac{\prod_{n=2}^{N}(1-q^{n-1}p_n(x_j))}{\prod_{n=2}^{N}(1-q^{n-1}p_n(x_i))} = \frac{p(x_i)}{p(x_j)},$$

可得

$$\sum_{n=2}^{N}\ln\frac{(1-q^{n-1}p_n(x_j))}{(1-q^{n-1}p_n(x_i))} = \ln\frac{p(x_i)}{p(x_j)}。$$

若 $p(x_i) = p(x_j)$，那么等式成立，假设存在 $p(x_i) \neq p(x_j)$，也可使上式成立。若 $p(x_i) > p(x_j)$，则 $1 - q^{n-1}p_n(x_j) < 1 - q^{n-1}p_n(x_i)$，可推出等式左边为负而右边为正，互相矛盾。同理若 $p(x_i) < p(x_j)$，结论互相矛盾，因此假设不成立。在均衡点中有 $x_i = x_j$，那么互补企业群体中各企业的纳什均衡解为 $(x^*, x^*, \cdots, x^*)$，其中 x^* 满足

$$x^* = \frac{-\ln(-\delta v \beta L \ln v \prod_{n=2}^{N}(1-q^{n-1}p_n(x^*)))}{\beta \ln v}。$$

引理 4.1 得证。

定理 4.3 的证明

令

$$F(\delta, x) = \delta\beta L v^{\beta x+1}\ln v \prod_{n=2}^{N}(1-q^{n-1}\delta v^{\beta x+1}) + 1,$$

可得

$$\frac{\partial F}{\partial \delta} = \beta L v^{\beta x+1}\ln v \prod_{n=2}^{N}(1-q^{n-1}\delta v^{\beta x+1}) +$$

$$\delta\beta Lv^{\beta x+1}\ln v\{\sum_{n=2}^{N}[-\prod_{k=2}^{n-1}(1-q^{k-1}\delta v^{\beta x+1})\prod_{k=n+1}^{N}(1-q^{k-1}\delta v^{\beta x+1})q^{n-1}v^{\beta x+1}]\}\frac{\partial F}{\partial x}$$

$$=\delta\beta^2 Lv^{\beta x+1}(\ln v)^2\prod_{n=2}^{N}(1-q^{n-1}\delta v^{\beta x+1})+$$

$$\delta\beta Lv^{\beta x+1}\ln v\{\sum_{n=2}^{N}[-\prod_{s=2}^{n-1}(1-q^{s-1}\delta v^{\beta x+1})\prod_{s=n+1}^{N}(1-q^{s-1}\delta v^{\beta x+1})q^{n-1}\delta v^{\beta x+1}\beta\ln v]\},$$

因此,

$$\frac{\mathrm{d}x}{\mathrm{d}\delta}=-\beta Lv^{\beta x+1}\ln v\prod_{n=2}^{N}(1-q^{n-1}\delta v^{\beta x+1})-$$

$$\delta\beta Lv^{\beta x+1}\ln v\{\sum_{n=2}^{N}[-\prod_{k=2}^{n-1}(1-q^{k-1}\delta v^{\beta x+1})\prod_{k=n+1}^{N}(1-q^{k-1}\delta v^{\beta x+1})q^{n-1}v^{\beta x+1}]\}/$$

$$\delta\beta^2 Lv^{\beta x+1}(\ln v)2\prod_{n=2}^{N}(1-q^{n-1}\delta v^{\beta x+1})+$$

$$\delta\beta Lv^{\beta x+1}\ln v\{\sum_{n=2}^{N}[-\prod_{s=2}^{n-1}(1-q^{s-1}\delta v^{\beta x+1})\prod_{s=n+1}^{N}(1-q^{s-1}\delta v^{\beta x+1})q^{n-1}\delta v^{\beta x+1}\beta\ln v]\}$$

令

$$\prod_{n=2}^{N}(1-q^{n-1}\delta v^{\beta x+1})=A,$$

$$\sum_{n=2}^{N}[-\prod_{k=2}^{n-1}(1-q^{k-1}\delta v^{\beta x+1})\prod_{k=n+1}^{N}(1-q^{k-1}\delta v^{\beta x+1})q^{n-1}v^{\beta x+1}]=B,$$

那么

$$\frac{\mathrm{d}x}{\mathrm{d}\delta}=-\frac{(\beta Lv^{\beta x+1}A\ln v+\delta\beta Lv^{\beta x+1}B\ln v)}{(\delta\beta^2 Lv^{\beta x+1}(\ln v)^2 A+\delta\beta Lv^{\beta x+1}(\ln v)^2\delta^2\beta B)}。$$

约分后

$$\frac{\mathrm{d}x}{\mathrm{d}\delta}=-\frac{1}{\delta\beta\ln v},$$

由于 $\ln v < 0$,那么可得 $\frac{\mathrm{d}x}{\mathrm{d}\delta} > 0$,因此互补企业群体中各企业在非合作情况下,其最优信息安全投资额会随着黑客直接入侵概率的增加而增加。

定理 4.3 得证。

定理 4.5 的证明

由于 $x^{*\prime}$ 需满足

$$\delta\beta Lv^{\beta x^{*\prime}+1}\ln v\prod_{n=2}^{N}(1-q^{n-1}p_n(x^{*\prime}))+n=0,$$

令

$$F(n, x) = \delta\beta L v^{\beta x^{*'}+1}\ln v \prod_{n=2}^{N}(1 - q^{n-1}p_n(x^*)) + n,$$

那么

$$\frac{dx}{dn} = -\frac{\partial F/\partial n}{\partial F/\partial x},$$

$$-1/(\delta\beta^2 L v^{\beta x+1}(\ln v)^2 \prod_{n=2}^{N}(1-q^{n-1}\delta v^{\beta x+1}) + \delta\beta L v^{\beta x+1}\ln v,$$

可得

$$\frac{dx}{dn} < 0,$$

$$\left(\sum_{n=2}^{N}\left(\prod_{s=2}^{n-1}(1-q^{s-1}\delta v^{\beta x+1})\prod_{s=n+1}^{N}(1-q^{s-1}\delta v^{\beta x+1})q^{n-1}\delta v^{\beta x+1}\beta\ln v\right)\right),$$

对于企业 i 来说，为满足

$$\delta\beta L v^{\beta x_i+1}\ln v \prod_{n=2}^{N}(1-q^{n-1}p_n(x_i)) + n = 0,$$

x_i 会随着企业数量的增大而减少，即企业会降低其信息安全投资额。

定理 4.5 得证。

定理 4.6 的证明

由于 $x^{*'}$ 需满足

$$\delta\beta L v^{\beta x^{*'}+1}\ln v \prod_{n=2}^{N}(1-q^{n-1}p_n(x^*)) + n = 0,$$

令

$$F(n, x) = \delta\beta L v^{\beta x+1}\ln v \prod_{n=2}^{N}(1-q^{n-1}\delta v^{\beta x+1}) + n,$$

那么

$$\frac{dx}{dq} = -\frac{\partial F/\partial q}{\partial F/\partial x} =$$

$$-\delta\beta L v^{\beta x+1}\ln v\left\{\sum_{n=2}^{N}\left\{-\frac{1}{q}\left[\prod_{s=2}^{n-1}(1-q^{n-1}\delta v^{\beta x+1})\prod_{s=n+1}^{N}(1-q^{s-1}\delta v^{\beta x+1})q^{n-1}(n-1)\delta v^{\beta x+1}\right]\right\}\right\} \cdot$$

$$\left(\delta\beta^2 L v^{\beta x+1}(\ln v)^2 \prod_{n=2}^{N}(1-q^{n-1}\delta v^{\beta x+1})\right) +$$

$$\delta\beta L v^{\beta x+1}\ln v\left\{\sum_{n=2}^{N}\left[\prod_{s=2}^{n-1}(1-q^{s-1}\delta v^{\beta x+1})\prod_{s=n+1}^{N}(1-q^{s-1}\delta v^{\beta x+1})q^{n-1}\delta v^{\beta x+1}\beta\ln v\right]\right\},$$

可得 $\frac{\mathrm{d}x}{\mathrm{d}q} > 0$，对于企业 i 来说，为满足

$$\delta\beta L v^{\beta x_i+1}\ln v \prod_{n=2}^{N}(1-q^{n-1}p_n(x_i)) + n = 0,$$

x_i 会随着互补企业间一次传播概率的增大而增加，即随着一次传播概率的增大，企业会增加其信息安全投资额。

定理 4.6 得证。

定理 5.2 的证明

令

$$F(\delta, x) = \delta\beta V v^{\beta x+1}(\ln v)\left[1 + \varphi\prod_{n=2}^{N}(1-p_n)\right] + 1,$$

可得

$$\frac{\partial F}{\partial \delta} = \beta V v^{\beta x+1}(\ln v)\left[1 + \varphi\prod_{n=2}^{N}(1-p_n)\right],$$

$$\frac{\partial F}{\partial x} = \delta\beta^2 V v^{\beta x+1}(\ln v)^2 + \delta\beta^2\varphi V v^{\beta x+1}(\ln v)^2\prod_{n=2}^{N}(1-p_n),$$

因此，

$$\frac{\mathrm{d}x}{\mathrm{d}\delta} = \frac{-\beta V v^{\beta x+1}(\ln v)\left[1 + \varphi\prod_{n=2}^{N}(1-p_n)\right]}{\delta\beta^2 V v^{\beta x+1}(\ln v)^2 + \delta\beta^2\varphi V v^{\beta x+1}(\ln v)^2\prod_{n=2}^{N}(1-p_n)},$$

可得

$$\frac{\mathrm{d}x}{\mathrm{d}\delta} > 0,$$

因此替代企业群体中各个企业在单独决策情况下，其最优投资额会随着替代企业间黑客直接入侵概率的增加而增加。

定理 5.2 得证。

定理 5.3 的证明

令

$$F(\varphi, x) = \delta\beta V v^{\beta x+1}(\ln v)\left[1 + \varphi\prod_{n=2}^{N}(1-p_n)\right] + 1,$$

可得

$$\frac{\partial F}{\partial \varphi} = \delta\beta V v^{\beta x+1}(\ln v)\prod_{n=2}^{N}(1-p_n),$$

$$\frac{\partial F}{\partial x} = \delta\beta^2 V v^{\beta x+1}(\ln v)^2 + \delta\beta^2 \varphi V v^{\beta x+1}(\ln v)^2 \prod_{n=2}^{N}(1-p_n),$$

因此,

$$\frac{\mathrm{d}x}{\mathrm{d}\varphi} = \frac{\delta\beta V v^{\beta x+1}(\ln v)\prod_{n=2}^{N}(1-p_n)}{[\beta^2 V v^{\beta x+1}(\ln v)^2 + \delta\beta^2 \varphi V v^{\beta x+1}(\ln v)^2 \prod_{n=2}^{N}(1-p_n)]} > 0。$$

定理 5.3 得证。

定理 5.4 的证明

由于 x_{LN}^* 需满足

$$\delta\beta n V v^{\beta x_{LN}^*+1}(\ln v)[1 + \varphi \prod_{n=2}^{N}(1-p_n(x_{LN}^*))] + n = 0,$$

令

$$F(n, x) = \delta\beta n V v^{\beta x+1}(\ln v)[1 + \varphi \prod_{n=2}^{N}(1-p_n)] + n,$$

那么

$$\frac{\partial F}{\partial n} = \delta\beta V v^{\beta x+1}(\ln v)[1 + \varphi \prod_{n=2}^{N}(1-p_n)] + 1,$$

$$\frac{\partial F}{\partial x} = \delta\beta^2 V v^{\beta x+1}(\ln v)^2 + \delta\beta^2 \varphi V v^{\beta x+1}(\ln v)^2 \prod_{n=2}^{N}(1-p_n),$$

$$\frac{\mathrm{d}F}{\mathrm{d}n} = \frac{-\delta\beta V v^{\beta x+1}(\ln v)[1 + \varphi \prod_{n=2}^{N}(1-p_n)] - 1}{\delta\beta^2 V v^{\beta x+1}(\ln v)^2 + \delta\beta^2 \varphi V v^{\beta x+1}(\ln v)^2 \prod_{n=2}^{N}(1-p_n)},$$

可得当

$$V > \frac{-1}{p' + \varphi p' \prod_{n=2}^{N}(1-p_n)},$$

时, $\frac{\mathrm{d}x}{\mathrm{d}n} < 0$, 对于企业 i 来说, 为满足

$$\delta\beta n V v^{\beta x_i+1}(\ln v)[1 + \varphi \prod_{n=2}^{N}(1-p_n(x_i))] + n = 0,$$

x_i 会随着企业数量的增大而减少, 即企业会降低其信息安全投资额。

定理 5.4 得证。

定理 5.5 的证明

令

$$F(\delta, x) = \delta\beta V v^{\beta x+1}(\ln v)\left[1 + \varphi\prod_{n=2}^{N}(1-p_n)\right] + n,$$

可得

$$\frac{\partial F}{\partial \delta} = \beta V v^{\beta x+1}(\ln v)\left[1 + \varphi\prod_{n=2}^{N}(1-p_n)\right]$$

$$\frac{\partial F}{\partial x} = \delta\beta^2 V v^{\beta x+1}(\ln v)^2 + \delta\beta^2\varphi V v^{\beta x+1}(\ln v)^2\prod_{n=2}^{N}(1-p_n),$$

因此

$$\frac{\mathrm{d}x}{\mathrm{d}\delta} = \frac{-\beta V v^{\beta x+1}(\ln v)\left[1 + \varphi\prod_{n=2}^{N}(1-p_n)\right]}{\delta\beta^2 V v^{\beta x+1}(\ln v)^2 + \delta\beta^2\varphi V v^{\beta x+1}(\ln v)^2\prod_{n=2}^{N}(1-p_n)},$$

那么可得 $\frac{\mathrm{d}x}{\mathrm{d}\delta} > 0$,因此替代企业群体中各企业联合决策时,其最优信息安全投资额会随着替代企业间黑客直接入侵概率的增加而增加。定理 5.5 得证。

定理 5.6 的证明:

令

$$F(\varphi, x) = \delta\beta V v^{\beta x+1}(\ln v)\left[1 + \varphi\prod_{n=2}^{N}(1-p_n)\right] + n,$$

可得

$$\frac{\partial F}{\partial \varphi} = \delta\beta V v^{\beta x+1}(\ln v)\prod_{n=2}^{N}(1-p_n),$$

$$\frac{\partial F}{\partial x} = \delta\beta^2 V v^{\beta x+1}(\ln v)^2 + \delta\beta^2\varphi V v^{\beta x+1}(\ln v)^2\prod_{n=2}^{N}(1-p_n),$$

因此

$$\frac{\mathrm{d}x}{\mathrm{d}\varphi} = \frac{-\delta\beta V v^{\beta x+1}(\ln v)\prod_{n=2}^{N}(1-p_n)}{\delta\beta^2 V v^{\beta x+1}(\ln v)^2 + \delta\beta^2\varphi V v^{\beta x+1}(\ln v)^2\prod_{n=2}^{N}(1-p_n)} > 0。$$

定理 5.6 得证。